国家职业教育城市轨道交通专业教学资源库配套教材

城市轨道交通环境控制与消防系统运行维护

主　编　王青林
副主编　张新宇　陈宏涛

人民交通出版社股份有限公司
北京

内 容 提 要

本教材是国家职业教育城市轨道交通专业教学资源库配套教材之一。教材的总体结构为城市轨道交通消防安全、城市轨道交通消防系统、城市轨道交通环境与设备监控系统3个项目。根据相关知识点和岗位工作技能要求,设计了10个学习任务,分别为消防基本知识、城市轨道交通消防知识、城市轨道交通火灾自动报警系统、城市轨道交通自动灭火系统、城市轨道交通消防相关设备、城市轨道交通消防系统运行与维护、城市轨道交通环境与设备监控系统概述、城市轨道交通环境与设备监控系统结构及控制方式、城市轨道交通环境与设备监控系统接口、城市轨道交通环境与设备监控系统运行与维护。

本教材供职业院校城市轨道交通机电技术及相关专业师生使用。

本书配有教学课件,教师可加入职教轨道教学研讨群(QQ群号:129327355)获取。

图书在版编目(CIP)数据

城市轨道交通环境控制与消防系统运行维护/王青林主编. — 北京:人民交通出版社股份有限公司,2023.4

ISBN 978-7-114-17640-1

Ⅰ.①城⋯ Ⅱ.①王⋯ Ⅲ.①城市铁路—轨道交通—环境控制②城市铁路—轨道交通—防火系统 Ⅳ.①U239.5

中国版本图书馆 CIP 数据核字(2021)第 277140 号

国家职业教育城市轨道交通专业教学资源库配套教材
Chengshi Guidao Jiaotong Huanjing Kongzhi yu Xiaofang Xitong Yunxing Weihu

书　　名:	城市轨道交通环境控制与消防系统运行维护
著 作 者:	王青林
责任编辑:	司昌静
责任校对:	席少楠　卢　弦
责任印制:	张　凯
出版发行:	人民交通出版社股份有限公司
地　　址:	(100011)北京市朝阳区安定门外外馆斜街3号
网　　址:	http://www.ccpcl.com.cn
销售电话:	(010)59757973
总 经 销:	人民交通出版社股份有限公司发行部
经　　销:	各地新华书店
印　　刷:	北京虎彩文化传播有限公司
开　　本:	787×1092　1/16
印　　张:	8.75
字　　数:	203千
版　　次:	2023年4月　第1版
印　　次:	2023年12月　第2次印刷
书　　号:	ISBN 978-7-114-17640-1
定　　价:	30.00元

(有印刷、装订质量问题的图书,由本公司负责调换)

前　言

【编写原则】

本教材结合国家职业教育城市轨道交通专业教学资源库建设需要,同步编写了配套教材,以促进线上线下混合式教学模式应用与发展。在编写过程中,按照《国家职业教育改革实施方案》《职业院校教材管理办法》等相关要求,贯彻落实相关教材编写理念、编写要求等指示精神,力求教材成果服务于立德树人根本任务,满足于以学生为中心的教学要求。

【编写特点】

1.提取典型学习任务和技能点。依据岗位技能要求和专业教学标准,对该课程全部知识点进行组合重构,设计了10个紧密关联、梯度进阶的学习任务。

2.内容选取够学适度。知识性内容简明扼要,岗位操作流程提纲挈领,通俗易懂,宜教宜学,通过课后习题对所学内容进行巩固。

【主要内容】

本教材的总体结构为城市轨道交通消防安全、城市轨道交通消防系统、城市轨道交通环境与设备监控系统3个项目。主要内容包括:消防基本知识、城市轨道交通消防知识、城市轨道交通火灾自动报警系统、城市轨道交通自动灭火系统、城市轨道交通消防相关设备、城市轨道交通消防系统运行与维护、城轨道交通环境与设备监控系统概述、城市轨道交通环境与设备监控系统结构及控制方式、城市轨道交通环境与设备监控系统接口、城市轨道交通环境与设备监控系统运行与维护。本教材是国家职业教育城市轨道交通专业教学资源库配套教材,课程资源详见国家级职业教育专业教学资源库项目管理平台。

【编写分工】

本教材由汕尾职业技术学院王青林担任主编,负责教材编写、资源建设的统筹工作;由辽宁省交通高等专科学校张新宇、陈宏涛担任副主编,承担教材编写与资源建设工作。

1

在编写本教材过程中,参阅了相关文献著作、标准规范,本着面向师生传播新知、启迪心智的编写原则,吸收借鉴了一些好的理论知识和优秀成果,在此向著作者表示衷心感谢。如有不当之处,敬请读者不吝指正。

作 者

2022 年 10 月

数字资源索引列表

序号	资源名称	所在页码
1	火灾定义	2
2	典型的燃烧产物及其毒性	3
3	按燃烧物分类	3
4	按火灾损失分类	4
5	灭火原理	5
6	公共场所发生火灾如何逃生	6
7	家庭消防安全	6
8	城市轨道交通火灾特点	10
9	城市轨道交通消防安全的危害因素	12
10	地铁隧道内疏散	15
11	地铁列车里的消防设施	15
12	水喷淋灭火系统	43
13	防火卷帘门	53
14	灭火器	58
15	城市轨道交通环控系统	83
16	车站通风空调系统	91
17	隧道通风系统的组成	93
18	环控系统结构	95
19	中央级监控系统功能	95
20	城市轨道交通环控系统网络组态的基本概念	107
21	城市轨道交通环控系统供电与接地系统	108
22	FAS 系统接口的基本概念	112
23	BAS 与冷水机组接口	117

目 录

项目一 城市轨道交通消防安全 ·· 1
　学习任务一　消防基本知识 ·· 1
　学习任务二　城市轨道交通消防知识 ·· 10
项目二 城市轨道交通消防系统 ·· 20
　学习任务一　城市轨道交通火灾自动报警系统 ··· 20
　学习任务二　城市轨道交通自动灭火系统 ··· 35
　学习任务三　城市轨道交通消防相关设备 ··· 48
　学习任务四　城市轨道交通消防系统运行与维护 ··· 66
项目三 城市轨道交通环境与设备监控系统 ·· 83
　学习任务一　城市轨道交通环境与设备监控系统概述 ·· 83
　学习任务二　城市轨道交通环境与设备监控系统结构及控制方式 ······································ 86
　学习任务三　城市轨道交通环境与设备监控系统接口 ·· 112
　学习任务四　城市轨道交通环境与设备监控系统运行维护 ·· 125
参考文献 ··· 131

项目一　城市轨道交通消防安全

  项目总述

本项目主要学习城市轨道交通消防安全的基本知识和城市轨道交通火灾特点,以国内城市轨道交通消防安全为例,总结城市轨道交通消防安全的危害因素、管理以及城市轨道交通消防设备等内容。

 学习目标

1. 学会分析和识别各类火灾现象及火灾发生的原因。
2. 掌握火灾分类和灭火的原理。
3. 掌握防火自救的基本知识及火灾的预防。
4. 了解城市轨道交通火灾特点及城市轨道交通消防安全的危害因素。
5. 掌握城市轨道交通消防安全管理。
6. 树立安全意识,提升团队的组织协调、语言表达和沟通能力。

学习任务一　消防基本知识

  课前思考

收集并整理近两年你所在的城市发生了哪些典型的火灾,以及火灾发生的原因和造成的损失等,然后在课堂上进行交流与讨论。

必备知识

一、火灾概述

1. 火灾的定义

按照《消防词汇　第1部分:通用术语》(GB/T 5907.1—2014)的定义:"火,是以释放热量并伴有烟或火焰或两者兼有为特征的燃烧现象。火灾则是指在时间或空间上失去控制的燃烧。"

火灾定义

燃烧需要的可燃物、助燃物、引火源被称为燃烧的三要素。燃烧的三要素只有同时存在才能发生燃烧。缺少其中的任何一个要素,均不能引起燃烧。

可燃物是指能与空气中的氧或其他氧化剂起燃烧化学反应的物质,如汽油、木材等。

助燃物主要指能帮助和支持燃烧的物质,如空气、氧气以及氧化剂(氯酸盐、过氧化物)等。

引火源是指供给可燃物与助燃物发生燃烧反应的能量来源。除烟火外,电火花、摩擦或撞击产生的火花,发热、造成自然起火的氧化热等许多物理现象或化学现象都能成为引火源。

2. 火灾的危害性

在社会生活中,火灾是威胁公共安全、危害人们生命和财产的灾害之一。俗话说,"水火无情""贼偷一半,火烧全光"。火灾是世界各国人民所面临的一个共同的灾难性问题。它给人类社会造成了生命和财产的严重损失。随着社会生产力的发展,社会财富日益增加,火灾呈损失上升及火灾危害范围扩大的总趋势。严峻的现实表明,火灾是当今世界上多发性灾害中发生频率较高的一种灾害。火灾的危害性具体体现在以下五个方面:

(1)火灾会造成巨大的直接财产损失。

(2)火灾造成的间接财产损失更不可估计。现代社会各行各业联系紧密,牵一发而动全身。一旦发生重大或特别重大火灾,会造成巨大的间接财产损失,往往是直接财产损失的数十倍。

(3)火灾会造成大量的人员伤亡。

(4)森林火灾会造成生态平衡的破坏。

(5)火灾会造成不良的社会影响。如果火灾发生在政府机关、通信枢纽、涉外单位、古建筑、风景区等处还会造成严重的社会影响,甚至波及全国乃至世界。

由此可见,火灾的危害性是相当大的。我们必须认真贯彻执行"预防为主、防消结合"的消防工作方针,在做好防火工作的同时,在思想上、组织上和物质上积极做好各项灭火准备,一旦发生火灾,能够迅速、有效地扑灭火灾,最大限度地减少财产损失和人员伤亡。

3. 火灾原因分析

通过对各类火灾事后分析及统计,总结出发生火灾的主要原因如下:

(1)因用电不慎造成的火灾。此类火灾约占火灾总数的30%,在引起火灾的原因中居于首位。所以要特别注意用电安全,避免电气设备超负荷使用。另外,在给电动车蓄电池充电、给手机电池充电时也要特别注意用电安全。

(2)因生活用火不慎造成的火灾。此类火灾约占火灾总数的18%,在引起火灾的原因中居于第二位。所以日常生活中要特别注意用火、用气安全。

(3)因安全意识不强引起的火灾。此类火灾约占火灾总数的6%。中国烟民多,一些人安全意识不强,有不熄灭烟头的习惯,容易引发火灾。

(4)因玩火和燃放烟花爆竹引起的火灾。此类火灾约占火灾总数的4%。社会在进步,增加节日气氛越来越多地可以使用烟花爆竹以外的东西来替代。

(5)因生产作业违规而引起的火灾。此类火灾约占火灾总数的3%。安全生产应该谨记于心。

(6)人为纵火引起的火灾。此类火灾约占火灾总数的2%。人为纵火引起火灾危害公共安全的构成放火罪,将受到法律的制裁。

火灾造成大量人员伤亡的原因如下:

(1)火灾现场消防设施不能启动、消防水源水量不足、消防通道被占用、报警不及时、建筑装修材料不合格或采用易燃材料等。

(2)火灾自救逃生时有关消防安全知识和应急能力不足。

二、火灾中的燃烧产物

1. 火灾中主要的燃烧产物

由燃烧或热解作用产生的全部物质称为燃烧产物。燃烧产物通常指燃烧生成的气体、热量、可见烟等。

1)气体

燃烧生成的气体,一般指一氧化碳(CO)、氰化氢(HCN)、二氧化碳(CO_2)、氯化氢(HCl)、二氧化硫(SO_2)等。

典型的燃烧产物及其毒性

2)热量

大多数物质的燃烧是一种释放热量的化学氧化过程。这一过程中释放的能量以热量的形式表现,形成热气的对流与辐射。热量对人体具有明显的物理伤害。

3)烟

燃烧或热解作用产生的悬浮在大气中可见的固体和(或)液体颗粒总称为烟。其颗粒直径一般在 $0.01 \sim 10 \mu m$ 范围内。大多数这种含碳物质是在火灾中不完全燃烧所生成的。

燃烧产物的数量、组成等随着物质的化学组成以及温度和空气的供给情况等的变化而不同。

2. 几种典型的燃烧产物及其毒性

统计资料表明,火灾中大约80%死亡人数是由于吸入毒性气体而致死的。火灾产生的烟气中含有大量的有毒成分,如一氧化碳、二氧化碳、二氧化硫、二氧化氮(NO_2)等。这些气体均对人体有不同程度的危害。例如,二氧化碳是主要的燃烧产物之一,在有些火场中它的浓度可达15%。二氧化碳最主要的生理作用是刺激人的呼吸中枢,导致呼吸急促,烟气吸入量增加引起头痛、神志不清等症状。又如,一氧化碳是火灾中致死的主要燃烧产物之一,其毒性在于对人体血液中血红蛋白的高亲和性。它对血红蛋白的亲和力比氧气高出250倍,因此,它能够阻碍人体血液中氧气的输送,引起头痛、虚脱、神志不清和肌肉调节障碍等症状。

三、火灾的分类

1. 按燃烧物分类

根据现行《火灾分类》(GB/T 4968—2008),火灾按燃烧物不同分为A、B、C、D、E、F六类。

(1)A类火灾指固体物质火灾。固体物质(如木材、棉、毛、麻、纸张等)往往具有有机物性质,一般在燃烧时产生灼热的余烬,如图1-1所示。

按燃烧物分类

（2）B类火灾指液体火灾和可熔化的固体物质火灾，如汽油、煤油、乙醇、沥青、石蜡等，如图1-2所示。

图1-1　A类火灾　　　　　　　　　　图1-2　B类火灾

（3）C类火灾指气体火灾，如煤气、天然气、液化气、石油气等。
（4）D类火灾指金属火灾，如钾、镁、钛、镁铝合金等，如图1-3所示。
（5）E类火灾指带电火灾，如物体带电燃烧的火灾，如图1-4所示。

图1-3　D类火灾　　　　　　　　　　图1-4　E类火灾

（6）F类火灾指烹饪器具内的烹饪物引起的火灾，如动植物油脂等。

2. 按火灾损失分类

根据2007年6月26日公安部办公厅印发的《关于调整火灾等级标准的通知》（公消〔2007〕234号），新的火灾等级标准由原来的特大火灾、重大火灾、一般火灾三个等级调整为特别重大火灾、重大火灾、较大火灾和一般火灾四个等级。

（1）特别重大火灾指造成30人以上死亡，或者100人以上重伤，或者1亿元以上直接财产损失的火灾。

按火灾损失分类

（2）重大火灾指造成10人以上、30人以下死亡，或者50人以上、100人以下重伤，或者5000万元以上、1亿元以下直接财产损失的火灾。

（3）较大火灾指造成3人以上、10人以下死亡，或者10人以上、50人以下重伤，或者1000万元以上、5000万元以下直接财产损失的火灾。

(4)一般火灾指造成3人以下死亡,或者10人以下重伤,或者1000万元以下直接财产损失的火灾。

(注意:"以上"包括本数,"以下"不包括本数。)

四、灭火原理

根据燃烧的基本条件,任何可燃物质产生燃烧或持续燃烧必须具备燃烧三要素。因此,灭火是破坏燃烧条件,使燃烧反应终止的过程。

灭火的基本原理可以归纳为冷却、窒息、隔离和化学抑制灭火四个方面。

灭火原理

1. 冷却灭火

对一般可燃物而言,之所以能够燃烧是因为燃烧物在火焰或热的作用下,达到了各自的着火温度。因此,将温度降低到着火温度以下,燃烧就会终止。用水扑灭一般固体物质火灾正是利用了这一特点。水能够大量吸收热量,使燃烧物的温度迅速降低,最后使燃烧终止。

2. 窒息灭火

各种可燃物的燃烧都需要在其最低氧浓度以上进行,当低于其最低氧浓度时,燃烧不能持续。一般碳氢化合物的气体或蒸汽通常在氧浓度低于15%时不能维持燃烧。可用于降低氧浓度的气体有二氧化碳、氮气(N_2)、水蒸气等。通过稀释氧浓度来灭火的方法多用于密闭或半密闭空间。

3. 隔离灭火

可燃物是燃烧条件中的主要因素,若将可燃物与引火源以及氧隔离开,燃烧反应就会终止。火灾中,可采取以下隔离措施灭火:

(1)关闭有关阀门,切断流向着火区的可燃气体和液体通道。

(2)打开有关阀门,使已经发生燃烧的容器或受到火势威胁的容器中的液体可燃物通过管道引至安全区域。这样,残余可燃物烧尽后,火也就熄灭了。

(3)用喷洒灭火剂的方法,把可燃物与氧和热隔离开,这也是通常采用的一种灭火方法。

4. 化学抑制灭火

物质在有焰燃烧中的氧化反应都是通过链式反应进行的。碳氢化合物的气体或蒸气在热和光的作用下,分子被活化,分裂出活性自由基。自由基的浓度和反应的压力决定了燃烧的速度。如果能够有效地抑制自由基的产生或者能够迅速降低火焰中自由基的浓度,燃烧就会中止。许多灭火剂都能起到这样的作用,如干粉灭火剂,能够使自由基的浓度急剧下降,使燃烧中止。

五、防火基本知识

1. 火灾的发展规律

火灾的形成过程一般分为初起、成长、猛烈、衰退四个阶段,前三个阶段是造成火灾危害的关键。

(1)火灾初起阶段。一般固体可燃物质发生燃烧,火源面积不大,火焰不高,烟和气体的流速不快,辐射热不强,火势向周围蔓延的速度比较缓慢。这段时间的长短因建筑物结构空间大小的不同而不同。在火灾初起阶段,只需少量人力和简单的灭火工具就可以完成灭火。

(2)火灾成长阶段。如果火灾初起阶段的火未被发现或扑灭,随着燃烧时间的延长,燃烧强度增大,温度逐渐上升,燃烧区域内逐步被烟气所充满,周围的可燃物迅速被加热,此时气体对流增强,燃烧速度加快,燃烧面积迅速扩大,会在一瞬间形成大火焰。在这种情况下,必须有一定数量的人力和消防器材装备,才能及时、有效地扑灭火灾。

(3)火灾猛烈阶段。随着燃烧时间的延长,燃烧速度不断加快,燃烧面积迅速扩大,燃烧温度急剧上升,持续温度达600~800℃,辐射热最强,气体对流达到最高速度,燃烧物质的放热量和燃烧产物达到最高数值,此时建筑物材料和结构受到破坏,发生变形或倒塌。这段时间的长短和温度高低取决于建筑物的耐火等级。在这种情况下,需要组织较多的灭火力量和花费较长的时间,才能控制火势,扑灭大火。

(4)火灾衰退阶段。猛烈燃烧过后,火势衰退,室内温度下降,烟雾消散,火灾渐渐平息。

2. 防火基本原则

防火可以从控制可燃物、隔绝助燃物、消除着火源三个方面来进行控制。一切防火措施都是以防止燃烧的三个条件为目的的。

(1)控制可燃物。例如,用难燃材料或不燃材料代替易燃材料,对性质相互抵触的化学危险物品采用分仓、分堆存放等。

(2)隔绝助燃物。例如,对密闭容器抽真空以排出容器内的氧气,在容器内充入惰性气体等。

(3)消除着火源。例如,在易燃易爆场所严禁烟火,在有火灾危险的场所严格控制电焊、气割等动火作业。

3. 消防安全常识

公共场所发生火灾如何逃生

1)正确拨打火警电话

(1)当发生火灾时,立即拨打火警电话119,无论是用手机还是用座机,都不用加拨区号,直接拨打号码"119"报警;在手机欠费的情况下也可以拨打。消防救护不收费,但谎报火警属于违法行为。

(2)电话拨通后,必须准确地报出火灾详细地址,尽可能清楚地描述起火部位、着火物质、火势大小、是否有人员被困等情况;同时,报警者要留下有效的联系电话,最好能到路口接应消防队员,指引通往火场的道路。

2)灭火器的使用

家庭消防安全

将灭火器提手(压手)旁的保险销转动拔出,然后将橡胶软管的喷嘴或喷管对准火源根部,人站在上风或侧上风方位,用手压住提手(压手),灭火器即可喷洒灭火。

4. 火场逃生与自救

发生火灾时一定牢记,人的安全是第一位的。当尝试扑灭火灾失败后,火势不受控制时,不要顾着抢救财物,应立即选择正确的逃生方法和路线,迅速逃离火场。在逃生过程中应注意以下内容。

(1)保持头脑冷静。

当大火扑来时,尽快脱离火场才是上策,但是首先需要镇定,明确自己所在的楼层,观看并冷静分析周围的火情,分清安全楼梯和安全门的位置。

(2) 果断逃生。

在迅速逃离火场时,要注意随手关门,无论是在房间还是在楼梯间,都要随手关门,这样可以控制火势蔓延,并延长逃生时间。

(3) 用正确的方法闯出浓烟区。

逃生时,要用湿毛巾、湿布或防毒面具等蒙住口鼻,以过滤烟气,减少烟气的吸入。当烟气不浓时,可以俯身前行;当烟气较浓时,则须匍匐爬行,这样可以减少烟气对人体的危害,如图1-5所示。

 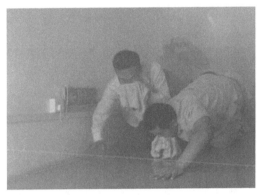

图1-5 智闯浓烟区

(4) 冲出着火区。

当着火区火势不猛时,再着急也不能在毫无保护的情况下乱冲,应先用水将身体浇湿,或者用湿床单等物披在身上,然后屏住呼吸,迅速冲出着火区,如图1-6所示。

图1-6 冲出着火区

(5) 逃向天台、楼顶。

如果往下的楼梯已经被烧塌,可以上行至天台、楼顶,等待救生时机,如图1-7所示。

(6) 利用缓降器自救逃生。

当身处火场,无法通过所有通道逃生时,可以通过备用的缓降器逃生,多用于高层建筑逃生,如图1-8所示。

图 1-7 逃向天台、楼顶

图 1-8 利用缓降器自救逃生

(7)采用正确的方法求救。

当发生火灾时,被困人员应采取积极措施求救、等待救援,如图 1-9 所示。例如,利用自制救生绳索自救逃生,但三楼以上的人慎用此方法,千万不要盲目开窗或开门,也不要盲目乱跑、跳楼。

(8)利用自然条件呼救。

当发生火灾时,被困人员应善于利用阳台或窗台,避开烟火的熏烤,积极向外界呼救,如图 1-10 所示。

图 1-9 采用正确的方法求救　　　　　　　图 1-10 利用自然条件呼救

(9)利用周围物件求救。

当发生火灾时,被困人员可挥动颜色鲜艳的衣衫、毛巾等;晚上可利用点燃的物品、手电等发光物发出呼救信号,或者敲打可以发出较大声响的金属物品等方法,引起救援人员的注意。

5. 火场逃生误区

火场逃生时应注意以下五大误区:

(1)从进来的原路逃生。

这是人们最常见的火灾逃生行为,因为大多数建筑物内部安全出口一般不为人们所熟悉,一旦发生火灾,人们总是习惯地沿着进来时的出入口和楼道进行逃生,当发现此路封死时,已失去最佳逃生时间。因此,当进入一幢新大楼或宾馆时,一定要对周围环境和出入口进行必要了解与熟悉,以防万一。

(2)盲目向光亮处逃生。

在紧急危险的情况下,人们总是向着有光、明亮的方向逃生,而这时在火场中,光亮的地方是火肆无忌惮的逞威之处。

(3)盲目追随。

当人们突然面临危及生命的状况时,极易因惊慌失措而失去正常的判断能力,第一反应就是盲目跟随他人逃生。常见的盲目追随行为有跳窗、跳楼,逃(躲)进厕所、浴室、门角,等等。

克服盲目追随的方法是,平时要多了解与掌握一定的消防自救与逃生知识,以防万一。

(4)从高处往低处逃生。

建筑特别是高层建筑一旦发生火灾,人们总是习惯性地认为:尽快逃到一楼,跑到室外,才有生的希望,殊不知,盲目朝楼下逃生,可能自投火海。因此,当发生火灾时,有条件的可登上房顶或在房间内采取有效防烟、防火措施后等待救援。

(5)冒险跳楼逃生。

当发生火灾选择的逃生线路被大火封死,火势越来越大、烟雾越来越浓时,人们很容易失去理智。即便如此,也不要盲目地做出跳楼、跳窗等冒险行为,而应该另谋出路。

 课后习题

一、填空题

1. 燃烧的三要素是_____、_____、_____。
2. 在造成火灾的原因中,因用电不慎导致的火灾占火灾总数的_____%。
3. 燃烧产物通常指燃烧产生的_____、_____、可见烟等。
4. 火灾中死亡人数大约_____%是由于吸入毒性气体而致死。

二、选择题

1. 安全意识不强引起的火灾,约占火灾总数的(　　)。
   A. 30%　　　　B. 18%　　　　C. 6%　　　　D. 4%
2. 因生产作业违规而引起的火灾,约占火灾总数的(　　)。
   A. 30%　　　　B. 18%　　　　C. 3%　　　　D. 2%

3. 下列哪些物质是 A 类固体物质火灾（　　）。
   A. 木材　　　　B. 石蜡　　　　C. 液化气　　　　D. 金属镁
4. 下列哪些物质是 B 类固体物质火灾（　　）。
   A. 木材　　　　B. 石蜡　　　　C. 液化气　　　　D. 金属镁
5. 下列哪些物质是 C 类固体物质火灾（　　）。
   A. 木材　　　　B. 石蜡　　　　C. 液化气　　　　D. 金属镁

三、简答题

1. 简述火灾发生的原因。
2. 火灾中的燃烧产物有哪些？
3. 简述灭火的基本原理。

学习任务二　城市轨道交通消防知识

课前思考

地铁里的消防灭火装置有哪些？

必备知识

一、城市轨道交通火灾特点

城市轨道交通大部分运行于由车站和隧道构成的相对封闭的空间内，人和设备高度密集。在这种特殊的环境中，一旦发生火灾事故，其危害将是极其严重。城市轨道交通火灾的主要特点如下。

城市轨道交通
火灾特点

1. 疏散难度大

疏散难度大主要体现如下：

（1）客流量大。比如，北京地铁、上海地铁，日均客流量超过 1000 万人次；广州地铁日均客流量近 800 万人次；广州地铁体育西路站、上海地铁人民广场站日均客流量近 100 万人次。客流量的增大会给火灾发生时的疏散造成很大障碍，这也对城市轨道交通运营管理的规范性和应急措施的有效性提出了很高的要求。

（2）逃生条件差。世界上仅考虑商业运营的地铁，一般建在地下 15m 左右，考虑商业和战略兼顾的地铁，则一般深达 30~70m，突发火灾事件后，乘客安全逃生的可能性较小。

（3）逃生途径少。城市轨道交通运营环境的特定性，决定了供乘客安全逃生途径的单一性。除安全疏散通道外，也没有紧急避难场所，突发火灾事件中，大量乘客同时涌向狭窄的通道及楼梯，另有检票机等障碍物挡道，严重影响乘客快速逃生。列车若在隧道内发生火灾，乘客逃生的唯一通道是列车首尾一扇宽度仅为 80cm 的直通式紧急疏散门，隧道内空间狭窄，其后果可想而知。

(4)逃生距离长。一旦突发火灾事件,乘客往往习惯性地从平常行走、相对熟悉的路线或盲目跟随他人逃生,这对选择较长路线逃生的乘客来说,被困受害的可能性也随之增大。

(5)允许逃生的时间短。试验证明,城市轨道交通站台(厅)或列车内突发火灾事件后,允许乘客逃生只有5min左右的时间。另外,车内乘客的衣物一旦引燃,火势会在短时间内扩大,允许逃生的时间则更短。

(6)乘客逃生意识差异大。城市轨道交通站台(厅)或列车内突发火灾事件后,险恶的灾害环境,使乘客容易产生恐慌及焦虑心理,从众心理使得多数人选择争先恐后地拥向出口处,容易引发踩踏、挤压倒地导致的群死群伤。另外,因恐惧迷失方向,易导致被困直接致伤或致死。

(7)火灾烟雾中的潜在危险大。由于城市轨道交通系统的特殊性,使其在遭遇火灾时烟雾不易扩散,特别是城市轨道交通系统中使用的有机高分子装饰材料,一旦发生火灾,很容易产生有毒有害气体(表1-1)。当有毒有害气体达到一定浓度时,就会使人中毒,特别是某些高毒类的有害气体,甚至会引起人的瞬间死亡。另外,由于烟雾粒子对光具有很强的吸收和散射作用,使人员疏散变得困难。现在城市轨道交通的隧道和站台都设有防排烟系统。

可燃物燃烧时产生的有毒有害气体　　　　表1-1

序　号	可燃物名称	有毒有害气体	序　号	可燃物名称	有毒有害气体
1	人造纤维	一氧化碳、二氧化碳	5	聚氯乙烯(PVC)	一氧化碳、氯化氢
2	聚四氟乙烯	一氧化碳、二氧化碳	6	酚树脂	一氧化碳、氰化物
3	聚苯乙烯(PS)	苯、甲苯	7	三聚氰胺-醛树脂	一氧化碳、氰化物
4	聚氟乙烯	一氧化碳、二氧化碳	8	环氧树脂(EP)	丙酮

2. 因地下空间狭窄致使灭火救援困难

火灾发生后,城市轨道交通隧道内烟雾大,能见度低,散热慢,温度较高,极易造成人员伤亡。隐蔽空间内人员对高温的耐受时间见表1-2。首先,起火点附近未进行防火保护的,作为隧道承重结构体的混凝土容易发生崩落。针对钻孔隧道衬砌火灾试验研究表明,当混凝土表面温度达到200℃时,10~15min内混凝土衬砌就会发生爆裂、崩落,因而会妨碍火灾的扑救。其次,因烟热作用,救援人员不易接近着火部位,往往会延长扑救时间,增加喷水损失。最后,设备方面的影响,在扑救城市轨道交通隧道内火灾时可使用的灭火剂比地面建筑少,如卤代烷、二氧化碳等一般不宜大量使用,而且城市轨道交通中一般的无线通信设备难以使用,联络困难。上述这些都使得扑救城市轨道交通火灾时的难度较大。

隐蔽空间内人员对高温的耐受时间　　　　表1-2

温度(℃)	150	140	100	65~80	46~65
时间	少于5min	5min	30min	2h	48h

二、城市轨道交通消防安全的危害因素

城市轨道交通消防安全的危害因素

1. 电气线路、电气设备故障引发火灾

城市轨道交通车站(含城市轨道交通列车)内电气线路和电气设备高度密集,这些电气线路和电气设备在运行过程中发生短路、过负荷、过热等故障是引发城市轨道交通火灾事故的重要因素。

2. 人为因素引发火灾

工作人员违章操作或用火不慎、乘客携带易燃易爆危险品乘车、乘客在城市轨道交通车站内吸烟、人为纵火等均可能引发城市轨道交通火灾事故。

3. 环境因素引发火灾

环境因素主要包括城市轨道交通内部潮湿、高温、粉尘大、鼠害等。例如,城市轨道交通内部通风不畅、隧道散热不良等导致温度过高;隧道内漏水情况比较普遍,地下湿气不易排出,导致地下空间湿度大;老鼠等小动物啃咬电缆电线。上述环境因素可能造成电气设备、电气线路的绝缘性能下降,造成电气设备短路引起火灾。

4. 与城市轨道交通车站合建的外来建筑物带来的危害因素

处于中心闹市区的城市轨道交通车站,常常与地面商业建筑合建。较城市轨道交通运营本身而言,由于商场、车库、写字楼等商业场所具有较高的火灾风险,同时此类场所的风险管理和控制工作通常不由城市轨道交通企业控制,一旦发生火灾、爆炸及其他灾害,不仅会给城市轨道交通的正常运营带来影响,严重时甚至会造成城市轨道交通财产和人身方面的重大损失。对于存在此类商业经营场所的城市轨道交通车站,除城市轨道交通本身风险以外的各种风险(包括火灾和爆炸的风险)也不容忽视。

三、消防标志

1. 消防标志的意义

消防标志是用于表明消防设施特征的符号,它用于说明建筑配备的各种消防设备、设施。消防标志安装的位置,可诱导人们在事故时采取合理正确的行动,对安全疏散起到很好的作用。国内外实际应用表明,在疏散通道和主要疏散路线的地面上或靠近地面的墙上设置发光疏散指示标志,可以更有效地帮助人们在浓烟弥漫的情况下,及时识别疏散位置和方向,迅速沿发光疏散指示标志顺利疏散。总结以往的火灾事故,往往是在发生事故的初期,人们因看不到消防标志、找不到消防设施,而不能采取正确的疏散和灭火措施,造成大量的人员伤亡。消防标志用于提示消防设施的示意目标方位,以免人们不了解消防知识,使其在面临火灾时不能作出准确判断,从而影响灭火和逃生。消防标志都有其专业的含义。消防标志是消防人员处理火险的好帮手,也是民众在火灾危急关头的救命符。了解消防标志的含义,一旦在面对火灾时就能够帮上大忙。人们应爱护消防标志,不要抹去或涂改消防标志,以便消防人员救火时用于辨别。

2. 红色消防识别类标志

红色消防识别类标志用于说明各种消防设备、设施安装的位置，引导人们在发生火灾时采取合理、正确的行动。

（1）消防设施配电柜（配电箱）应设置区别于其他设施配电柜（配电箱）的标志；备用消防电源的配电柜（配电箱）应设置区别于主消防电源配电柜（配电箱）的标志；不同消防设施的配电柜（配电箱）应有明显区分的标志。

（2）消防水池、水箱、稳压泵、增压泵、气压水罐、消防水泵、水泵接合器的管道、控制阀、控制柜应设置提示类标志和相互区分的识别类标志。

（3）室内消火栓给水管道应设置与其他系统区分的识别类标志，并标明流向。

（4）灭火器的设置点、手动报警按钮设置点应设置提示类标志。

（5）仓库应当画线标识，标明仓库墙距、垛距、主要通道、货物固定位置等。储存易燃易爆危险品的仓库应当设置标明储存物品的类别、品名、储量、注意事项和灭火方法的标志。

3. 警示类标志

（1）危险场所、危险部位的室外及室内的墙面、地面及危险设施处等适当位置应设置警示类标志，标明安全警示性和禁止性规定。

（2）危险场所、危险部位的室外及室内的墙面等适当位置应设置安全管理规程，标明安全管理制度、操作规程、注意事项及危险事故应急处置程序等内容。

（3）易操作失误引发火灾危险事故的关键设施部位应设置发光性提示标志，标明操作方式、注意事项、危险事故应急处置程序等内容。

（4）配电室、发电机房、消防水箱间、水泵房、消防控制室等场所的入口处应设置与其他房间区分的识别类标志和"非工勿入"等警示类标志。

（5）供消防车取水的消防水池、取水口或取水井、阀门、水泵接合器及室外消火栓等场所应设置永久性固定的识别类标志和"严禁埋压、圈占消防设施"等警示类标志。

（6）单位安全出口、疏散楼梯、疏散走道、消防车道等适当位置应设置"禁止锁闭""禁止堵塞"等警示类标志。

（7）防排烟系统的风机、风机控制柜、送风口及排烟窗等适当位置应设置注明系统名称和编号的识别类标志和"消防设施严禁遮挡"等警示类标志。

（8）常闭式防火门应当设置"常闭式防火门，请保持关闭"等警示类标志；防火卷帘底部地面应当设置"防火卷帘下禁放物品"等警示类标志。

4. 绿色发光疏散指示标志

绿色发光疏散指示标志设置在疏散走道和主要疏散路线的地面或靠近地面的墙上。

（1）疏散指示标志应根据国家有关消防技术标准和规范设置，并应采用符合规范要求的灯光疏散指示标志、安全出口标志，标明疏散方向。

（2）商场、市场、公共娱乐场所应在疏散走道和主要疏散路线的地面上增设能保持视觉连续性的自发光或蓄光疏散指示标志。

（3）消防电梯外墙面上应设置消防电梯的用途及注意事项的识别类标志。

(4)公众聚集场所、宾馆饭店等住宿场所的房间内应当设置疏散标志图(图1-11),标明楼层疏散路线、安全出口、室内消防设施位置等内容。

图1-11 疏散标志图

四、城市轨道交通消防安全管理

1. 城市轨道交通消防安全管理概述

在城市轨道交通运营期间可能发生的灾害包括自然灾害和人为灾害两大类。从世界城市轨道交通一百多年的发展历史来看,城市轨道交通灾害中发生频率最高、造成损失最大的是火灾事故。在城市轨道交通系统的众多危险因素里,火灾的危险度是最高的;特别是对地铁来说,火灾可谓"第一天敌",所以,对以地铁为主的城市轨道交通系统来说,消防安全管理非常重要。除城市轨道交通火灾特点和消防安全危害等因素外,城市轨道交通消防安全管理也起到至关重要的作用。好的消防安全管理,不仅能有效地降低或避免城市轨道交通火灾发生,还能在发生灾害时有效地控制灾害波及的范围和降低损害程度。

城市轨道交通消防安全管理的总要求如下:城市轨道交通消防安全管理应在当地政府的统一组织协调下,建立由政府相关部门(包括公安、消防)与运营企业及供电、通信、供水和医疗等单位密切协作、运转高效、分工明确的报警接警、监控和抢险救援机制。

2. 城市轨道交通消防安全管理内容

1)严格管理制度、分解管理责任

管理人员(包括负责人)应轮流接受安全教育培训。管理部门应制定科学、严格的管理制度,规范安全防范措施。

2)设置火灾控制系统

设置火灾控制系统时应尽可能将消防控制室与变配电室设置在地面建筑内。火灾控制系统应具备接收火警、指挥安全疏散、开启消防泵、开启固定灭火装置及防排烟设备、关闭防火门、关闭电源等功能。

3）设置现代化的防灾中心

由于地铁乘客众多而且人数不定，应装设警报设备、通信设备、引导疏散设备、排烟设备、消防设备等，以便在火灾和地震等灾害发生时，确保乘客的安全。为了监控这些防灾设备，使之能有机地结合和有效地工作，必须设置防灾中心。

4）改善地铁列车通风

改善地铁列车通风可以采取两种方式。一种是采用离心式风机集中风源、管路送风、均布器布风等方式。另一种是采用离心式风机分散风源。例如，莫斯科地铁无空调，采用了安装在座位下的分散离心式风机进风、车顶引流式排风的方案。由于强迫通风与气体自然流动的方向一致，气流组织较合理，列车通风系统湿度很小，通风效果也较好，进风不直接吹向乘客，客室内舒适度良好。一般的地铁列车没有空调系统，宜采用分散式通风方式。

5）设置应急预案措施

（1）若列车在运行过程中发生火灾，应尽可能驶向前方车站，利用车站站台疏散乘客，利用车站隧道防排烟系统排烟气。若列车停在区间，则隧道通风系统应根据多数乘客疏散相反方向送风，送风的强度和时间长短应根据情况严格掌握。

地铁隧道内疏散

（2）当同一区间的其中一条隧道发生火灾时，另一条隧道也应立即停止正常行车。

（3）防排烟系统的火灾运行模式应经过多次实际试验，确定最佳组合。

（4）火灾安全疏散程序应经常进行模拟演练，不断地检查各部门、各工种的相互协调、相互配合，以提高快速反应能力、安全疏散能力和综合救援能力。

地铁列车里的消防设施

6）其他措施

（1）加强对城市轨道交通车站内各种消防设备的经常性维修保养，并做到"五查"，即查站内用电设施、查登记、查重点部位（如站内仓库、储物间等）、查硬件设施设备情况、查贯彻落实，使之能保持最佳工作状态，延长使用寿命。

（2）各有关部门应始终坚持"以人为本"的原则，提高城市轨道交通工作人员的综合素质，加强安全管理，消除地铁火灾隐患；加强城市轨道交通防火知识的经常性宣传，提高群众的防火意识。

3．城市轨道交通消防安全管理职责要求

城市轨道交通运营企业为消防安全重点单位，应建立消防安全责任体系，明确逐级岗位消防安全职责；城市轨道交通运营企业应保障消防安全疏散通道及设施完好、可用，落实消防安全措施；城市轨道交通运营企业应建立与当地公安消防机构联系制度，及时反映本单位消防安全管理工作情况。

1）消防安全负责人

城市轨道交通运营企业的法人代表或主要负责人是本单位的消防安全责任人，对本单位的消防安全工作全面负责。其主要职责如下：

（1）贯彻执行消防法规，保证消防安全符合规定，掌握本单位消防安全状况。

（2）组织编制和审定本单位消防应急预案。

（3）组织审定并落实年度消防安全工作计划和消防安全资金预算方案。

（4）确定本单位逐级消防安全责任，任命消防安全管理人，批准实施消防安全制度和保证消防安全的操作规程。

（5）组织建立消防安全例会制度，每月至少召开一次消防安全工作会议。

（6）每月至少参加一次防火检查。

（7）组织火灾隐患整改工作，负责筹措整改资金。

消防安全责任人应当报当地公安消防机构备案。

2）消防安全管理人员

消防安全管理人员对消防安全责任人负责，实施和组织落实消防安全管理工作。

其主要职责如下：

（1）拟订年度消防工作计划和消防资金预算方案。

（2）协助组织编制和审定本单位消防应急预案。

（3）组织制订消防安全制度和保障消防安全的操作规程。

（4）组织实施防火检查，每月至少一次。

（5）组织整改火灾隐患。

（6）组织建立消防组织，每半年至少组织一次消防宣传教育、灭火和应急疏散演练。

（7）实施消防安全责任人委托的其他消防安全管理工作。

（8）向消防安全负责人报告消防安全管理工作情况，每月至少一次。

消防安全管理人员应当报当地公安消防机构备案。

3）部门主管人员

（1）车站站长（值班站长）

车站站长（值班站长）上岗前应经运营企业培训合格。

其主要职责如下：

①贯彻执行有关消防法规，保障车站安全管理符合规定，及时掌握车站消防安全情况。

②制订车站年度消防工作计划和消防资金预算方案并组织实施。

③协助组织制订、修改和完善车站消防应急预案。

④每月至少组织一次车站防火检查，及时消除能够整改的火灾隐患，对不能整改的，提出整改意见。

⑤每半年至少组织一次车站消防宣传教育、灭火和应急疏散演练。

⑥发生火灾时能够按照车站消防应急预案及时组织乘客疏散、扑救火灾并向有关部门报告火灾情况，协助灾后调查火灾原因。

⑦每月至少一次向消防安全负责人或消防安全管理人员报告消防安全管理工作情况。

（2）控制中心主任（值班主任）

控制中心主任（值班主任）上岗前应经消防专业培训合格。

其主要职责如下：

①贯彻执行有关消防法规，保障调度系统安全符合规定，及时掌握车站消防安全情况。

②制订调度系统年度消防工作计划和消防资金预算方案并组织实施。
③协助组织制订、修改和完善控制中心消防应急预案。
④每月至少组织一次调度系统防火检查,消除火灾隐患。
⑤每半年至少组织一次调度系统消防宣传教育、灭火和应急疏散演练。
⑥发生火灾时能够按照控制中心消防应急预案,及时组织各调度处理火灾事故、疏散乘客、扑救火灾并向有关部门报告火灾情况。
⑦每月至少一次向消防安全负责人或消防安全管理人员报告消防安全工作情况。

4. 各岗位人员消防安全职责

1) 环控调度员

(1) 负责对全线各车站消防等机电设备的全面监控,及时掌握各车站消防设备的运行状况。

(2) 负责对火灾事故的报警,应认真确认、分析现场情况,及时通报行车调度员、电网调度员和值班站长。

(3) 在发生火灾事故时,环控调度员能够按照控制中心消防应急预案,通过调动环控设备执行合理的通风模式,引导乘客和工作人员进行安全疏散。

2) 行车调度员

(1) 负责对列车安全运行状况的监控。

(2) 当发生火灾时,行车调度员能够按照控制中心消防应急预案,及时指挥着火列车运行、灭火和乘客的安全疏散,并调整后续列车的运行。

(3) 与车站站长(值班站长)和列车司机保持联系,随时掌握列车运行、灭火和乘客疏散情况。

(4) 引导乘客和工作人员进行安全疏散,并尽可能减少财产损失。

3) 电网调度员

(1) 负责城市轨道交通安全运行的电网保障。

(2) 当发生火灾时,电网调度员能够按照控制中心消防应急预案,及时切断相关电网的牵引电流和设备电流。

(3) 通知变电所值班人员注意设备运行,保证排烟系统的电源供应。

(4) 通知接触网专业工作人员配合灭火,检查设备和电缆情况,防止乘客触电。

4) 维修调度员

(1) 负责城市轨道交通安全运行的设备和通信保障。

(2) 当发生火灾时,维修调度员能够按照控制中心消防应急预案,及时通知相关车间轮值工程师,必要时启动抢修程序,尽可能保障城市轨道交通设备和通信系统的正常运行。

5) 自动消防系统操作人员

(1) 掌握自动消防系统的工作原理和操作规程,能够熟练地使用和操作各种系统。

(2) 负责每日检查消防设施,应认真填写各种消防设施值班和运行记录,并定期对各种消防设施进行检查,保证自动消防设施完好、有效。

(3) 若发现故障应及时排除,对于不能排除的故障应报告消防安全管理人员。

(4)核实、确认报警信息。

(5)熟练掌握火灾和其他灾害事故紧急处理程序,当发生火灾时,自动消防系统操作人员应根据消防应急预案启动相关消防设施。

6)列车司机

(1)掌握列车火灾应急预案和应急处理办法。

(2)每日检查列车消防设施和报警通信设施功能,如发现故障应及时排除,对于不能排除的故障应报告消防安全管理人员和消防安全负责人。

(3)当发生火灾时,用标准用语进行广播宣传和疏散引导,稳定乘客情绪,引导乘客正确使用车内灭火器灭火和进行紧急疏散。

(4)将列车着火情况及时报告控制中心或值班站长。

7)其他人员

(1)其他人员应严格执行消防安全制度和操作规程,参加消防安全培训及灭火和应急疏散演练。

(2)熟知本岗位火灾危险性和消防安全常识,在发生火灾时及时引导乘客安全疏散。

5. 承包、租赁、合作或委托经营

城市轨道交通车站站厅内按规定设置的场所,实行承包、租赁、合作或委托经营管理时,应接受和服从城市轨道交通运营企业消防安全管理,运营企业应提供符合消防安全要求的建筑物,订立的合同应明确消防安全责任。

课后习题

一、填空题

1. 若列车在隧道内发生火灾,乘客逃生的唯一通道是列车首尾一扇宽度仅为_____cm的直通式紧急疏散门。

2. 火灾发生后,地铁隧道内_____、_____、_____、温度较高,极易造成人员伤亡。

3. 环境因素引发火灾主要包括城市轨道交通内部_____、_____、_____、鼠害等因素。

4. 在城市轨道交通运营期间可能发生的灾害包括_____和_____两大类。

二、选择题

1. 仅考虑商业运营的地铁,一般建在地下(　　)左右。
  A. 30m　　　　B. 25m　　　　C. 15m　　　　D. 10m

2. 国外针对钻孔隧道衬砌火灾试验研究表明,当混凝土表面温度达到(　　)时,10~15min内混凝土衬砌就会发生爆裂、崩落,因而会妨碍火灾的扑救。
  A. 300℃　　　B. 250℃　　　C. 200℃　　　D. 100℃

3. 疏散指示标志设置在疏散走道和主要疏散路线的地面或靠近地面的墙上,其颜色是(　　)。
  A. 红色　　　　B. 绿色　　　　C. 黄色　　　　D. 橙色

三、简单题

1. 简述城市轨道交通火灾特点。
2. 简述城市轨道交通消防安全的危害因素。
3. 简述消防标志的意义。
4. 简述城市轨道交通消防安全管理要求。

项目二　城市轨道交通消防系统

项目总述

本项目主要介绍国内城市轨道交通火灾自动报警系统的组成、功能及接口，着重介绍气体、水喷淋、水喷雾自动灭火系统以及城市轨道交通消防相关设备，介绍城市轨道交通消防系统运行管理、巡视、设备维护及常见故障分析等内容。

学习目标

1. 了解城市轨道交通火灾自动报警系统的范畴。
2. 掌握城市轨道交通火灾自动报警系统的组成、功能和接口。
3. 掌握城市轨道交通自动灭火系统的结构、功能及使用。
4. 掌握城市轨道交通消防设备的使用。
5. 掌握城市轨道交通消防系统运行管理及常见故障分析。
6. 树立良好的职业素养，增强安全生产意识。

学习任务一　城市轨道交通火灾自动报警系统

课前思考

2003年2月18日，韩国大邱市地铁中央路站发生火灾，当时车内起火后，车站电力系统立刻自动断电，站内漆黑一片，列车门因断电无法打开，车内没有自动灭火装置，刚好站台对面驶进的一趟列车也因停电无法启动，大火蔓延至站台，整个车站受损严重。火灾造成了严重的后果。归结原因，其中之一是车站和列车内部的安全设施不足，车内没有自动灭火装置导致大火蔓延，站台有火灾自动报警装置、自动喷淋灭火装置、排烟设备和紧急照明装置，但是这些装备在严重火灾时没有启动，照明和指示灯也没有在供电系统断电后启用，造成人员安全疏散困难。自动报警装置没有启动，工作人员对火灾现场情况不明，不能有效地组织人员疏散和灭火，是造成大量人员伤亡的主要原因。从上述火灾过程简单描述中我们可以了解一些信息：第一，火灾自动报警系统是反映火灾现场火情的重要设施，对及时灭火起着至关重要的作用；第二，对于城市轨道交通来说，辅助人员疏散设施的日常维护和保养必须到位，保证其能有效使用；第三，工作人员的安全管理和应急演练应常态化。

 **必备知识**

一、城市轨道交通火灾自动报警系统概述

城市轨道交通是一个由站点建筑连接区间隧道形成的大型运输通道,作为日常的大容量公共交通工具,每天都要运送成千上万名乘客,在城市公共交通中占有重要的位置。

自从有了城市轨道交通,安全运营、确保乘客和工作人员的生命安全,就处于整个运营服务的首要位置。

自从城市轨道交通运营以来,世界一些国家、地区相继发生地铁火灾、爆炸事故,几乎每年都有数起危害严重的地铁安全火灾事故发生,造成了巨大的人员伤亡和经济损失。

1995年10月28日,阿塞拜疆巴库乌尔杜斯地铁火灾事故,造成558人死亡。

2003年2月18日,韩国大邱地铁火灾事故造成198人死亡,近200人受伤。

2005年7月8日,英国伦敦地铁爆炸案造成45人死亡,千余人受伤。

上述城市轨道交通火灾、爆炸事故的案例再次警示我们:城市轨道交通消防安全不容忽视,加强城市轨道交通消防安全管理、完善其消防系统设施至关重要。我国城市轨道交通建设规模越来越大,线路越来越多,系统综合应用越来越复杂,有的车站多条地铁交叉重叠,一旦发生火灾,极易酿成重大事故,这将给人民的生命和财产安全带来极大的威胁,造成重大经济损失并产生严重的社会影响。

城市轨道交通的防灾报警装置在城市轨道交通自动化系统中占有特殊的地位,主要体现在两个方面:一方面,它是城市轨道交通运营防灾救灾工作的关键环节;另一方面,城市轨道交通防灾报警系统的建立必须满足国家和地方的消防规范,对城市轨道交通的防灾报警系统与其他系统的集成,必须满足有关规范的要求。

城市轨道交通防灾报警系统是基于火灾自动报警系统(FAS)而建立的以火灾报警为主并辅以水灾、地震等其他灾害的报警。因此,在城市轨道交通防灾报警系统中仍沿用了火灾自动报警系统的英文缩写FAS。FAS组成如图2-1所示。

在我国,城市轨道交通防灾报警系统形成系统性是在20世纪80年代中期。由于经济发展,新的建筑物日益增多,并且社会各方面对预防和消除火情十分重视,这样就产生了功能需求和市场需求。

一般将城市轨道交通防灾报警系统与楼宇环境与设备监控系统(BAS)集成,共同对楼宇进行监视和控制。基于宏观政策与行业管理的要求,对城市轨道交通防灾报警系统的基本需求如下。

(1)为了保证城市轨道交通的运行安全以及正常运营,每个城市轨道交通线路都应配备具备火灾、水灾、地震等自动监测及自动报警功能的防灾报警系统,并同时具有火灾状况时必要的防火、灭火手段和措施。

(2)系统保护的具体对象是全线所有的建筑物,包括控制中心大楼、车站、主变电所、区间变电所、车辆段(停车场)内的建筑物及区间隧道等。

(3)基于城市轨道交通设施和管理机构的设置特点,城市轨道交通防灾报警系统必须是一个高度可靠、组网灵活、接线简单、维修快捷和扩展容易的系统。

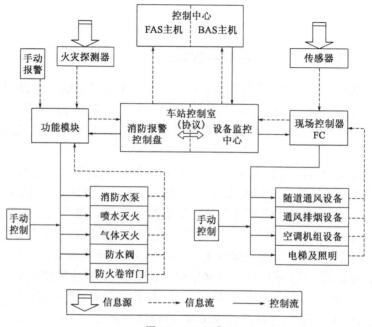

图 2-1　FAS 组成

(4) 对于城市轨道交通线特别是地下线,城市轨道交通防灾报警系统更关注火灾初期的浓烈烟雾,最大限度地降低因烟雾窒息导致人员死亡的危害。

(5) 城市轨道交通防灾报警系统采用两级管理:一级设在控制中心的中央控制室,一级设在车站、车辆段、通信信号楼等建筑物内。

(6) 针对不同的火灾区域,按照规范要求设置自动灭火系统,采取水喷淋或气体喷放两种自动灭火措施。自动灭火系统的探测装置既可以纳入城市轨道交通防灾报警系统,由城市轨道交通防灾报警系统根据探测器采集的现场信息,在发生火灾时,由其控制灭火装置完成灭火过程;也可以将探测装置与灭火装置组成完整的系统,由系统完成探测和灭火的全过程控制,并通过通信通道与防灾报警系统交换信息,由城市轨道交通防灾报警系统对其进行监视。

(7) 在车站和隧道里需要设有专门的机械排烟装置,一旦发生火灾,隧道内的事故风机系统和车站的排烟系统启动,在最短时间内排出有毒烟雾和送入新风,保障人员安全。

(8) 为保证出现灾害时各系统的联动控制,城市轨道交通防灾报警系统需通过各种接口完成对不同系统或设备的联动控制,如站台门、电梯、自动扶梯、门禁等。

(9) "预防为主"是城市轨道交通安全运营的原则,所有设施必须采取必要的技术防范措施,并在运营管理模式中制订相应的应急预案。

FAS 的核心思想是对建筑物中发生的任何火情进行及时的感知,并根据级别给出火警信号或联动处理,即火灾发生的第一时间,通过火灾探测器,探测火灾的发生并发出警报。此时,及时疏散人员,呼叫消防队,操作防火门、防火卷帘、防烟排烟风机,启动灭火系统等,采取相应的救灾措施。

根据现场需求,火情传感器可分为感烟传感器和感温传感器。从物理作用上区分,火情传感器可分为离子型传感器和光电型传感器;从信号方式上区分,火情传感器可分为开关型传感器、模拟型传感器及智能型传感器。所有这些传感器对火灾现场的火情加以监测,及时地将现场的火情数据经过控制网络向控制器传送并汇总。获得火情数据后,火灾控制器将对系统采取必要的措施。

按照消防规范,在建筑物的地下车库设置感温探测器、手动报警器及火警紧急广播;在商场、银行、娱乐场所等处设置感烟探测器、手动报警器,并设置扬声器用于平时背景音乐广播和火灾时紧急广播。在高层住宅部分的电梯前室、公共走廊等公众场所设置感烟探测器、手动报警器、紧急广播装置;在各层楼梯间门上设置报警闪灯(或声光报警);在高级住宅的卧室、书房及客厅等处设置感烟探测器;在所有公共场所的消火栓箱内均设有消火栓紧急启泵按钮。

FAS 一般由火灾触发器件、火灾报警控制装置、火灾警报装置以及火灾联动控制装置组成。FAS 框架结构如图2-2所示。

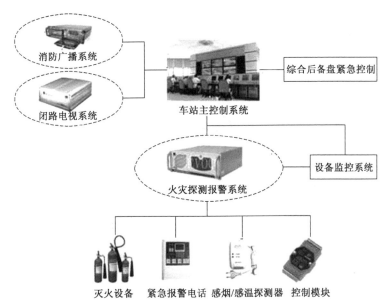

图 2-2　FAS 框架结构

二、城市轨道交通火灾自动报警系统组成

城市轨道交通 FAS 主要由设置在各地铁车站、区间隧道、控制中心(OCC)大楼、车辆段、停车场、主变电站等与城市轨道交通运营有关建筑和设施的 FAS 设备以及相关的网络设备和通信接口组成。

1. 车辆段 FAS

车辆段采用常规报警设备和大空间火灾探测报警设备并用的方式,配置设备有 FAS 主机、图形工作站、光电感烟探测器、感温探测器、火焰探测器、可燃气体探测器、手动报警按钮、控制模块、对射式感烟探测器、消防电话主机、消防电话分机、消防插孔电话及电话插孔、警铃、火灾显示盘、接地端子箱、FAS 总接线端子箱、I/O 现场模块箱、光端机、蓄电池等。在车辆段的停车列检库、架修库、月修库、易燃品库、混合变电所、信号楼、检修楼、综合办公楼地下车库单体建筑设 FAS 设备,安防值班室和停车列检库派班室设有 FAS 监控终端。

车辆段 FAS 作为车站系统纳入全线 FAS。

2. FAS 维修工作站

全线在 FAS 工班驻点设有一台维修工作站[图形工作站(CRT)或 FAS 主机]。该维修工作站可以实时查看全线各车站设备的运行及故障情况,方便维修人员对现场情况进行实时掌握及了解,但不能对设备状态进行操作。

3. FAS 专网

中央监控管理级的操作工作站与车站监控管理级的火灾报警控制器之间,通过 FAS 专用网络接口组成 FAS 系统独立的环网。由于火灾报警控制器与中央监控管理级的操作工作站直接通信,不受其他系统网络负荷和设备故障的影响,此网络通信方式具有响应速度较快、安全可靠等特点。

4. FAS 系统设置级别

FAS 系统分为设置在 OCC 的中央监控管理级、车站(车站与车辆段)监控管理级、现场控制级三个级别。

1)中央监控管理级

中央监控管理级设置在 OCC,是城市轨道交通消防的指挥中心,用于监视城市轨道交通全线各车站、区间隧道、OCC 大楼、车辆段、停车场、主变电站等下属所有区域的火灾报警、消防联动和故障情况。中央监控管理级在 OCC 配备防灾报警主机。FAS 主机由两套消防通信机(火灾报警控制器)和 OCC 内两台互为热备用的 FAS 监控总站,即操作员工作站组成。FAS 主机一般通过专用网卡与整个 FAS 专网相连,并作为网络的一个结点与各防灾报警分机保持通信。中央监控管理级操作站需要设置打印机等设备。一般在 OCC 的 FAS 大屏幕或模拟显示屏上,以图形的方式直观地显示全线各区域的火灾报警及故障信息,支持全线的防灾、救灾指挥。

2)车站监控管理级和现场控制级

车站监控管理级和现场控制级由车站 FAS 分机(火灾报警控制器)、车站 FAS 操作员工作站、打印机、消防联动控制柜和现场火灾探测器、控制及监视模块等组成。

车站控制室设 FAS 分机(火灾报警控制器),通过总线与现场设备相连,组成所辖站点的 FAS,负责车站的火灾报警处理及联动控制,并通过 FAS 网络与其他车站的火灾报警控制器及 OCC 操作工作站进行通信,报告火灾报警、系统故障、联动控制及各消防设备的运行状态等信息。

在车站控制室设置消防联动控制柜,用于消防泵(引入管电动蝶阀)、TVF 风机(隧道风机)、站台轨行区(UPE/OTE)、组合式空调箱、变风量空调器、回排风机(兼排烟风机)、小系统回排风机、送风机等火灾工况下运行设备的直接手动控制。消防联动控制柜采用硬连线的方式直接连接所控制的消防设备的控制回路。

三、城市轨道交通火灾自动报警系统的原理与作用

1. 城市轨道交通 FAS 中央监控管理级

火灾燃烧物初期燃烧产生烟气、热量,由感烟探测器、感温探测器等收集的状态信号变为

电流信号传递给火灾报警主机,火灾报警器立即以声、光、图、电流信号发出报警,按事先设置的报警程序向相关系统提供信息和火灾应急操作。城市轨道交通 FAS 包含城市轨道交通火灾探测系统、消防联动系统等,是城市轨道交通防火救灾工作进行自动化管理的系统之一。城市轨道交通 FAS 控制框图如图 2-3 所示。

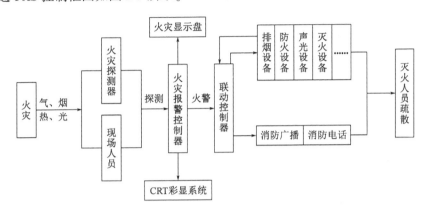

图 2-3　城市轨道交通 FAS 控制框图

2. 火灾探测器

火灾探测器(图 2-4)通过对火灾发出燃烧气体、烟雾粒子、温升和火焰等的探测,将探测到的火情信号转化为火警电信号。若现场人员发现火情后,应立即直接按动手动报警按钮,发出火警电信号。火灾报警控制器接收到火警电信号,经确认后采取措施:一是发出预警、火警声光报警信号,同时显示并记录火警地址和时间,告诉消防控制室(OCC)的值班人员;二是将火警信号传送至火灾显示盘,火灾显示盘经信号处理,发出预警和火警声光报警信号,并显示火警发生的地址,通知值班人员立即查看火情并采取相应的扑灭措施。在车站消防控制室,可以通过火灾报警控制器的通信接口,将火警信号在 CRT 显示屏上更直观地显示出来。

图 2-4　火灾探测器

3. 联动控制器

联动控制器则从火灾报警控制器读取火警数据,经预先编程设置好的控制逻辑("或""与""片""总报"等逻辑控制)处理后,向相应的控制点发出联动控制信号,并发出提示声光信号,经过执行器控制相应的外控消防设备,主要包括:排烟阀、排烟风机等防烟排烟设备;防火阀、防火卷帘门等防火设备;警铃、警笛和声光报警器等警报设备;关闭空调、电梯迫降和打开人员疏散指示灯等;启动消防泵、喷淋泵等消防灭火设备;切断非消防电源、启动消防广播、释放门禁、AFC 闸机落杆等。外控消防设备的启、停状态反馈给联动控制器主机并以光信号形式显示出来,使车站消防控制室(OCC)值班人员了解外控设备的实际运行情况,消防内部电话与消防内部广播起到通信联络和对人员疏散、防火灭火的调度指挥作用。

四、城市轨道交通火灾自动报警系统的运行方式

1. FAS 车站运行方式

FAS 运行管理的任务是确保正确使用 FAS 系统,并进行有效的监控、保养与维护。

FAS 设计联动模式是按同一时间内发生一次火灾原则设计其动作模式的。在发生火灾时,FAS 能发出模式指令使 BAS 和各相关系统运行转入火灾模式,配合 FAS 等相关系统实现消防联动,并通过广播系统、疏散指示和视频监视系统对乘客进行疏导。

FAS 要求值班室内 24h 有人值班,即 FAS 在正常情况下处于手动联系状态。当 FAS 确认现场有火警后只进行报警,不触发相关系统联动;如果需要联动控制,则由值班员人工将 FAS 切换到自动状态,FAS 将会在确认现场有火警后启动系统联动设备。在值班人员暂时离开时,根据现场情况,需要按照相关要求及时将 FAS 切换到自动联动状态。

2. FAS 正常运行时各设备的状态

(1) FAS 主机电源状态指示灯点亮,面板上显示系统名称、时间/日期、报警历史记录均正确,并能相应操作。

(2) CRT 正常工作,图形无异常。

(3) FAS 处于手动位置。

(4) 消防电话主机、消防电话分机、便携式消防插孔电话、电话插孔应工作正常。

(5) 各类传感器、探测器(图 2-5)、手动报警按钮(图 2-6)、温感电缆、警铃应工作正常;打印机处于不间断工作状态,走纸正常、打印字迹清晰。

图 2-5　防爆光电感烟火灾探测器

图 2-6　手动报警按钮

(6) 蓄电池、24V 直流电源箱自动切换装置应工作正常。

(7) 所有设备外观无损坏且温度正常。

3. FAS 使用注意事项

(1) 在车站控制室,运转值班室可实现对 FAS 的监控,要求车站控制室 24h 有人值班。

(2) FAS 主机和 CRT 上如果发现新的故障信息,应做好登记并及时上报,如果有故障或信息未报或未及时上报,将会造成 FAS 无法正常工作及设备的损坏。

(3) 不能随意变动消防设备的安装位置。

(4) 如果出现报火警,除了按照使用操作说明进行操作外,还应按照企业相关的火灾处理流程进行处理。

(5)每天对 FAS 进行检查,并做好记录,发现问题应及时上报。

五、城市轨道交通火灾自动报警系统设备

一套完整的 FAS 一般由中央级设备和车站级设备通过网络形式连接而成。城市轨道交通的 FAS 中央级设备一般安装在控制中心,车站级设备一般安装在各车站的车站控制室。

1. 主机要求

基于城市轨道交通的特殊性,其火灾自动报警系统主机应满足以下要求:

(1)具有模拟量火灾探测和信息处理方式,能够采集火灾现场动态数据并有效地传输至主机。

(2)具有火灾探测器环境参数自修正、灵敏度分时自动调整和火灾模式识别功能。

(3)具有火灾探测报警及时可靠、系统误报率低、工作稳定等特点。

(4)具有电源及设备自动检测、数据网络通信和消防设备优化管理功能。

(5)具有良好的系统应用软件支持,系统综合性价比高。

2. 主要设备

1)中央级设备

中央级设备由图形命令中心(GCC)、打印机、网络显示单元、消防报警主机、事故风机控制盘组成。中央级设备可实现对全线火情的监控和时钟同步功能。下文我们简单介绍 GCC、网络显示单元和事故风机控制盘。

(1)中央级的 GCC

GCC 是指用一台工业计算机作为消防系统终端,既可以接入消防报警系统网络,也可以脱网独立地与消防主机连接。GCC 的主要作用:①提高良好的人机界面(HMI),直观地显示本站消防系统设备分布状态,与消防报警主机同时报告车站的报警、故障、监控等状况,方便值班员处理事故;②报警信息(如火灾报警信息、故障报警信息、反馈报警信息)分类、历史记录查询、设备工作状态查询、设备控制及联动等。中央级的 GCC 主时钟通过 RS232 通信接口与 FAS 连接,将时钟同步信号传送到各个站点,以实现全线各站点的时间同步。

(2)网络显示单元

网络显示单元是各车站级与中央级网络连接点,通过通信系统提供的数据传输通道实现连接。

(3)事故风机控制盘

在隧道火灾工况下,由中央级的区间事故风机控制盘启动相应区间隧道事故风机。例如,列车在隧道内发生火灾,环控值班人员可根据列车所在位置,打开相应车站的送风和排风事故风机。

2)车站级设备

车站级设备主要由消防报警主机和外围设备组成。

(1)消防报警主机

①系统主机卡。系统主机卡由 CPU、数据线、储存芯片及外围电路等构成。系统主机卡是能根据实际情况现场进行软件程序编制与调试的一种智能模块,是整个系统的核心部件。

系统主机卡与设备内部各功能模块之间可以相互通信、接收和发射信息、进行数据交换、任意设定地址点、根据需要分配探测点和控制点。

②通信接口单元。RS232 通信接口卡提供现场实时打印机、GCC 连接接口,网络接口卡根据传输介质不同,可选择相应的通信接口,如光纤、RS485 等。当通信接口卡不匹配时,可采用转换接口,实现网络连接。

③网络通信单元。网络通信单元可与中央网络显示单元进行数据通信,是从中央控制室消防报警设备网络显示单元至 OCC 通信机械室 PCM 机架的连线。

④数据传输紧急电话通信卡。数据传输紧急电话通信卡连接外线回路上的消防紧急电话,能与站内任一消防电话通话。

⑤回路卡。回路卡是主机与外部设备相连接的地址通信卡,一个回路卡可连接不超过 255 个设备。例如,一个车站有 300 个地址设备,那么至少使用 3 块回路卡,外接可采用总线制方式,组成环形连接,如车站、站厅/站台层回路卡;也可采用开放式连接,如车站区间隧道的连接方式。

⑥音频卡及消防电话。消防广播通过音频卡总线来实现,既可将事先录制好的语音固化在储存器里,待需要时及时播出;也可在火灾发生时,对特定区域进行麦克风广播。

(2)外围设备

外围设备也称末端设备,包括地址式感烟探测器、普通式感烟探测器、线性感温探测器、地址式手动报警器、普通式手动报警器、对射式感烟探测器、电话插孔、带箱话机、插式话机、地址式探测模块、地址式控制模块、地址式通信模块、消防泵启动开关等。

3)系统软件设置

系统软件采用菜单式,通过人机对话方式建立,主要由地址码设备定义和设备联动程序编制两部分组成。

(1)地址码设备定义

一个地址码设备由区域(回路)名称、地址号、用户标签、点形式、设备类型等 5 段进行定义。其中,区域(回路)名称,整个回路取其第一个字母 M 为其标志号,如 M1、M2、M3;点形式用于定义地址码设备,分为感烟探测器报警点、感温探测器报警点、手动报警器报警点、设备监视点、设备控制点、紧急通话点等;设备类型用于定义地址码设备种类,如地址式火灾探测器、地址式探测模块、地址式手动报警器、地址式控制模块、地址式信号模块等。

(2)设备联动程序编制

FAS 与相关消防设备的联动控制程序是依据各系统提供的火灾状态工况编制的。凡需要联动控制程序的设备都有地址式控制模块和地址式反馈模块与之相连,因此消防设备联动程序是根据地址码编写的,将火灾工况控制的要求用地址码写成逻辑关系,再编入用户软件的"条件输入"栏和"结果输出"栏中,在"条件输入"栏中注明条件的组合关系。

FAS 的逻辑控制原理如下:FAS 在系统软件编程中,将整个网络环的动作设置成中级站的逻辑控制。防灾报警系统是两级管理模式,系统结构为 OCC 与各车站主机直接构成环网的专用独立系统,具有网络高可靠性。OCC 级实现对全线防灾报警系统集中监控管理,各车站、车库火灾报警控制盘对其所管辖范围内的火灾事故独立执行消防监控管理。

3.各类终端设备

1)火灾探测器

火灾探测器是指用来响应其附近区域由火灾产生的物理现象和化学现象的探测器件。火灾探测器是组成 FAS 的重要组件,是系统"感觉器官"。火灾探测器的作用是监视被保护区域有无火灾发生。一旦发现火情,火灾探测器将火灾的特征物理量(如温度、烟雾、气体和辐射光等)转换成电信号,并立即向火灾报警控制器发送报警信号。

各种火灾探测器均对火灾发生时的至少一个适宜的物理特征或化学特征进行监测,并将信号传送至火灾自动报警控制器。

(1)感烟探测器

①离子感烟探测器。离子感烟探测器的工作原理:采用离子室为烟雾物理形态的第一探测器件,当无烟雾发生时,离子感烟探测器处于值班状态,离子室保持一个平衡的离子流,其基准输出点保持一个相对稳定的电位;当有烟雾发生时,离子室的离子流随烟雾的大小而发生相应的变化,其基准输出点的电位也随之发生变化,这样,离子室将烟雾的物理量的变化转化成一个电量的变化;当离子室基准点电位的变化大于一定值时,离子感烟探测器认为是火灾前兆,在点亮报警指示灯的同时,输出一个报警信号到探测主控系统,当主控系统采样到该报警信号并确认后,即刻向值班人员发出火灾预警。

②红外线光束线型感烟探测器。红外线光束线型感烟探测器是利用红外线组成探测源,利用烟雾的扩散性可以探测红外线周围固定范围之内的火灾。红外线光束线型感烟探测器通常是由分开安装的、经调准的红外发光器和收光器配对组成的。红外线光束线型感烟探测器又分为对射型和反射型两种。其工作原理是利用烟减少红外发光器发射到红外收光器的光束光量来判定火灾,这种火灾探测方法通常被称作烟减光法。

③光电感烟探测器。光电感烟探测器的工作原理:感光电极处于激光照射下发生电信号,当火灾烟雾遮蔽激光时,电极失电,发出报警信号。

点型光电感烟探测器的红外发光元件与光敏元件(光子接收元件)在其探测室内的设置通常是偏置设计,二者的距离一般为 20~25mm。在正常无烟的监测状态下,光敏元件接收不到任何光,包括红外发光元件发出的光。在烟粒子进入探测室内时,红外发光元件发出的光则被烟粒子散射或反射到光敏元件上,并在收到充足光信号时,即发出火灾报警,这种火灾探测方法通常被称作烟散射光法。点型光电感烟探测器通常不采用烟减光原理工作,因为无烟和火灾情况之间的典型差别仅有 0.09% 的变化,这种小的变化会使探测器极易受到外部环境的不利影响。

(2)感温探测器

感温探测器是响应异常温度、温升速率和温差等参数的探测器。按其工作原理,感温探测器可分为定温式探测器、差温式探测器和缆式线型定温式探测器。感温探测器用于存在大量粉尘、烟雾、水蒸气以及厨房、锅炉房等不能安装感烟探测器进行火灾报警的场所。

①定温式探测器。定温式探测器是指在规定时间内,火灾引起的温度上升超过某个定值时启动报警的火灾探测器。定温式探测器有线型定温式探测器和点型定温式探测器两种。其中,线型定温式探测器是利用当局部环境温度上升达到规定值时,可熔绝缘物熔化使两导线短

路,从而产生火灾报警信号;点型定温式探测器是利用双金属片、易熔金属、热电偶热敏半导体电阻等元件,在规定的温度值内产生火灾报警信号。

②差温式探测器。差温式探测器是指在规定时间内,火灾引起的温度上升速率超过某个规定值时启动报警的火灾探测器。差温式探测器有线型差温式探测器和点型差温式探测器两种。线型差温式探测器是根据广泛的热效应而动作的;点型差温式探测器是根据局部的热效应而动作的。差温式探测器的主要感温器件是热敏半导体电阻元件等。

③缆式线型定温式探测器。

缆式线型定温式探测器是一种热敏电缆线型定温式探测器。缆式线型定温式探测器的构造及原理:缆式线型定温式探测器由两根弹性钢丝、热敏绝缘材料、塑料色带及塑料外护套组成。正常工况时,两根钢丝间呈绝缘状态,火灾报警控制器通过传输、接线盒、热敏电缆及终端盒构成一个报警回路。

(3)探测器的选用

探测器应根据探测区域的环境条件、火灾特点、房间高度、安装场所的气流状况及设备主机的配置等条件,选用适宜的探测器或几种探测器的组合。

①感烟探测器的选用。

感烟探测器作为前期、早期报警设备是非常有效的,凡是要求火灾损失小的重要地点,对火灾初期有阴燃阶段即产生大量的热、很少或没有火辐射的火灾,如棉、麻织物的阴燃等,都适宜选用感烟探测器。

正常情况下,有烟的场所或经常伴有粉尘、水蒸气等固体及液体微粒出现的场所不宜选用感烟探测器。

②感温探测器的选用。

感温探测器在火灾形成早期、中期非常有效,因其工作稳定,不受非火灾性粉尘、烟雾、水蒸气等干扰,凡无法应用感烟探测器、允许产生一定的物资损失、非爆炸性的场合都可选用感温探测器。感温探测器特别适合于存在大量粉尘、烟雾、水蒸气及相对湿度经常高于95%的场所。感温探测器不适用于可能产生阴燃的场所。

感温探测器中的定温式探测器允许温度有较大的变化,比较稳定,但是火灾造成的损失较大,在0℃以下的场所不宜选用。

(4)探测器的信号传输方式及控制回路

火灾探测系统的信号传输有其自身的特殊性,由于火灾探测器通常是安装在需要保护的场所,而报警控制器安装在控制室,探测器数量较多,安装位置有一定距离。这样探测器和控制器构成一个远距离的信号采集、控制网络。此外,探测器本身不带电源,需要由控制器为其供电,探测器信号要求准确,这样探测器和控制器之间的信号必须能准确无误地传输。

2)手动报警器

手动报警器分为普通型和智能型两种。报警区域内的每个防火分区至少应设置一个手动报警器。手动报警器按钮是手动触发装置,具有在应急状态下人工手动通报火警或确认火警的功能。

当发生火灾后,可通过装于走廊、楼梯口等处的手动报警器按钮进行人工报警。手动报警器的按钮安装于金属盒内,一般将金属盒嵌入墙内,外露红色边框保护罩,人工确认火灾后敲碎保护罩,此时,就地报警设备动作,将信号传送到报警主机。像探测器一样,手动报警器在系统中占有一个地址号。

3)智能型模块

一般来说,智能型模块按功能可分为地址码探测模块、地址码反馈模块、地址码控制模块、地址码信号模块及地址码输入输出模块。其功能不同,使用场合也不相同。智能型模块是一种独立的具有智能化功能的地址模块,通过一条二线回路卡提供电源和通信。对常开式或常闭式干接点设备提供编址的功能。若干接点闭合或打开则引发报警或动作,若设备回路配线发生断路,系统将发生故障。

(1)地址码探测模块

地址码探测模块用于连接探测装置及反馈装置,具有线路监测功能;当发生探测器装置脱落及线路切断等故障时,地址码探测模块能向主机发出故障报警;地址码探测模块有较强的负载能力,最多可接 25 个感烟探测器;地址码探测模块具有地址码功能,能在报警或报故障时报出特定的地址;地址码探测模块具有可选择的锁闭和非锁闭的功能。

(2)地址码反馈模块

地址码反馈模块是一个独立的地址式模块,通过一条二线 MAPNET Ⅱ 回路提供电源和进行通信,对常开式干接点设备提供编址的功能;若干接点闭合则引发报警;若设备回路配线发生断路,在消防控制盘上会发出故障信号;选择非锁闭功能,可以对设备的状态进行跟踪。

(3)地址码控制模块

地址码控制模块主要是控制各种联动设备,如水泵、风机、阀门等,提供二级继电器接点,接点容量为 2A、DC 28V(非感性负载)、AC 120V,具有地址码功能,能有序地执行主机发出的命令。

(4)地址码信号模块

地址码信号模块具有线路监测功能,用于控制扬声器电路、紧急电路及 DC 24V 报警器等,接点容量为 2A、DC 24V,可接 50W 的扬声器系统,可支持 3 部紧急电话同时使用。

(5)地址码输入输出模块

地址码输入输出模块可将主机命令传输给终端设备,也可将终端设备信息反馈至主机;具有不同的地址码功能,可将控制与反馈信号有序地传输。

六、城市轨道交通火灾自动报警系统功能

城市轨道交通 FAS 功能分为中央级功能和车站级功能。

1. FAS 的中央级功能

FAS 中央级功能主要是监控城市轨道交通全线各车站、区间隧道、OCC 大楼、车辆段、停车场、主变电站等下辖所有区域的火灾报警、消防联动和故障情况,在发生火灾时承担城市轨道交通全线防灾指挥中心功能。下文将分别进行介绍。

(1)通过火灾报警网络接收并存储城市轨道交通全线消防设备运行状态信息,远程监视就地级消防设备的运行状态。主机通过显示画面和数据表格提供现场的监视信息,具有丰富

的 HMI，发挥 FAS 的中央级功能。

（2）接收全线车站、车辆段、主变电站、指挥中心的火灾报警信息并显示报警部位。

（3）OCC 声光报警系统发出声、光火灾警报信号。

（4）打印机实时打印出 FAS 发生的时间、地点、火灾类型等。

（5）通过 OCC 的网络向 EMCS 发出火灾紧急信息，并指令 EMCS 进入火灾报警处理模式。

（6）通过视频监视系统切换装置和显示终端确认火灾情况。当确认发生火灾后，在一定时间内，如果现场火灾报警控制器还未作出反应，可在 OCC 发出指令给站点火灾报警控制器，指挥火灾现场的灭火抢救工作。

（7）存储记录的功能。存储事件记录和操作人员的各项操作记录，包括火警监视、故障状态、设备维修与清洗等。

（8）系统编辑功能。

①在线编辑功能。具有相应权限的维护人员，能通过工作站添加系统设备或直接在现场编辑，自定义设备；通过系统提供的程序监控软件，在防灾报警主机上进行在线编辑并输出至打印机或磁盘等。

②离线编辑功能。现场设备的定义和参数修改可在办公室的电脑端完成，经编译转换后，到现场通过电话线（下载）将程序发送到火灾报警控制机上。

（9）历史档案管理功能。将报警、事件等信息记录归档处理；操作人员可根据要求，随时进行信息的查看和打印输出。

（10）网络自诊断功能。FAS 主机具有网络自诊断功能，可及时判断网络故障的位置及原因，并按事件方式进行报警。

（11）主时钟。FAS 每一瞬间间隔接收一次防灾指挥中心的主时钟信息，接收时间间隔随主时钟系统而定，并与该主时钟同步，其误差小于 10ms；FAS 实时对各站点分控级的火灾报警控制器进行校对，以保证整个系统的时钟同步。当发生主时钟通信中断时，该主机内时钟发生器将继续保证火灾报警的正常计时工作。

（12）主机具有安全管理机制，设置多级口令，一般如下：

①操作员级，可进行系统的正常操作。

②工程师级，可进行系统现场参数的定义。

③管理员级，可对系统进行运行状态检测和功能试验。

④维护保养级，可进行程序检测和系统参数定义。

⑤编程员级，可对系统进行程序开发、调试和修改。此级需得到授权方可实施。

（13）除以上功能外，FAS 中央级必须与其他子系统协调配合，内容如下：

①与有线、无线电话系统协调。

a. 防灾指挥中心设置了与当地消防、防汛、地震预报中心等部门联系的专用外部电话。通过专用外部电话，接收各类预报信息，报告消防、防汛、地震情况。

b. 防灾指挥中心应设置与车站设备监控系统共用的调度电话总机，各车站（包括车辆段、停车场、主变电所等）应设置调度分机。

c. 防灾指挥中心、各车站应设置与列车司机联系的无线电话。

②与广播系统配合。

FAS不单独设置消防广播,与公共广播系统合用。当发生火灾时,防灾指挥中心将广播系统强制转入消防广播状态。

③与视频监视系统协同。

FAS与行车管理等共用一套视频监视系统,在防灾指挥中心设置切换装置和显示终端,当地铁发生灾害时,切换为防灾监视。

2. FAS的车站级功能

FAS车站级功能主要有监视、报警、消防联动、防灾通信、防灾报警分机集成化和防灾报警分机之间网络通信。

1)监视模式

在正常情况下,设在各车站的防灾报警分机通过探测器和信号输入模块,对火灾状态和消防设备的运行状态进行实时监测。同时,FAS对其系统内部的部件状态也进行实时监测。通过火灾报警网络连接的各控制器和信道网络也进行自动监测。所有的监测信息都将传送到OCC的消防监控工作站,并通过OCC的综合监控网络形成实时信息,在整个综合监控系统共享。

消防监控工作站上的显示器以平面图的形式显示整个系统各站点内各防火分区、防烟分区的火灾探测器和消防设备的运行状态及火灾信息。设在各站点的火灾报警控制器接受探测器和监视模块的实时报警信号。

2)报警模式

FAS报警有自动确认模式和人工确认模式两种。

(1)自动确认模式。这一模式是通过智能探测器(如感烟探测器、感温探测器等)或智能模块连接的探测器(如感温电缆、红外对射式感烟探测器等)及感温光纤探测系统实现的。在自动确认模式下,通过软件功能对火灾自动确认强化了报警功能,提高了火灾报警的准确性。

(2)人工确认模式。当探测器发出火灾报警信号时,消防值班人员借助其他手段(如视频监控、现场手动报警按钮、对讲电话等的报警信号)进行火灾确认,通过控制器上的人工确认按钮实施人工报警确认,启动控制器进入火灾处理程序。

3)消防联动模式

系统在火灾确认后,不仅发出火灾声光报警、火灾信息显示、火灾打印记录等,还将进入消防联动模式。

(1)通过监控模块实现对消火栓、自动喷洒灭火、气体灭火、防火卷帘门、声光报警器和警铃等消防设施的直接联动控制。

(2)通过车站级局域网由相关系统实现对防排烟设施、空调系统、电梯扶梯、非消防电源、门禁、自动售检票、疏散诱导标志灯等消防设施和相关非消防设施的间接控制。

(3)接收监视模式、报警模式的监控信号,并通过城市轨道交通骨干网依次传送到防灾指挥中心。

4)防灾通信模式

当灾害发生时,由FAS发出指令,全线转换为防灾模式。

(1)车站级通过自动或手动模式将广播、视频监视系统强制转入防灾模式。车站级防灾控制室通过麦克风或预定语音对所管辖车站进行防灾广播,通过显示终端可以非常直观地了解灾害区域状况。各级防灾广播、防灾监视都具有最高级优先权。

（2）消防电话系统。各分控制级防灾控制室分别设置一套独立的消防电话网络,电话主机设在各防灾控制室内,重要设备间的电话挂机、火灾报警按钮旁的电话插孔均纳入分控制级的消防电话网络中。消防电话系统可用于实现对火灾的现场人工确认以及必要的通信。

5）防灾报警分机集成化功能

一般车站防灾报警分机选用联动型控制器,它可以根据用户的需要将监视、报警、联动控制以及紧急对讲通信集成为一体。不仅在软、硬件方面都支持与相关系统的集成,而且防灾报警分机上设有手动确认开关,当有火灾发生时,操作员远程手动控制防灾报警分机执行所有的联动程序(包括气体喷放远程启动开关)。

6）防灾报警分机之间网络通信功能

各站点火灾报警分机通过专用接口与系统骨干网相连,形成独立的全线火灾报警网络系统。各站点的分机均为该网络上的结点,各分机具有与OCC交换信息的功能。同时,各分机之间也具有信息交换的功能,特别是相邻站之间可相互进行火灾报警的信息传送,使得当某一车站发生火灾报警时,相邻车站也可以同时接收到此火灾报警信息,并根据此信息及时进行行车组织和必要的救灾措施。

防灾报警分机通过总线将现场设备联系起来,组成所辖站点的火灾报警子系统。各站点(如OCC、车站、变电站、车辆段等)内的火灾报警子系统负责所管辖区域火灾报警信息的实时监测和消防设备的实时监控。

七、城市轨道交通火灾自动报警系统接口

1. 与气体灭火系统的接口

如果城市轨道交通工程的气体灭火控制系统采用"探、控、灭"为一体的方案,则FAS与气体灭火系统的接口非常简单、便捷,只需通过系统内部网卡接口即可。这种同一系统的内部连接,最大限度地保证了城市轨道交通消防系统的完整性、安全性,不仅节约投资,还有利于系统将来的维护管理。

如果气体灭火系统与FAS是两个不同的系统,则需要系统间就接口问题进行协商,此时宜以FAS供货商为主。

2. 与主时钟的接口

FAS与主时钟的接口采用RS-422异步接口。接口界面以通信专业的主时钟机架为界。

3. 与EMCS系统的接口

FAS和EMCS系统在主控级和分控级均设有数据传输接口,接口界面在防灾报警主机和防灾报警分机上。

防灾报警系统发出的指令应具有最高级优先权,当发生火灾时,通过车站的数据接口给EMCS系统发出救灾指令。EMCS按指令将其所监控的设备运行状态转换为预定的火灾运行模式。

主控级采用网络联网方式提供数据接口。

FAS 主控制计算机作为整个城市轨道交通调度管理网络的一个节点,通过骨干网连接车站监控网,实现与 EMCS 的控制主机互联的数据接口。

当 FAS 发出火灾报警信号时,FAS 主机直接向网络发出火灾指令,并使 BAS 强制进入火灾运行模式,同时通过网络向整个调度管理系统发布紧急火灾通知,使各专业协调配合救援工作。

分控制级采用直接 RS-232 串口提供数据接口。在各车站内,FAS 通过控制器本身提供的 RS-232 串行接口与 EMCS 系统的站内通信接口[可编程逻辑控制器(PLC)]提供的串行接口直接对接,实现数据的传输。通信协议由 FAS 提供。

课后习题

一、填空题

1. 城市轨道交通的防灾报警系统是基于_____而建立的以火灾报警为主并辅以水灾、地震等其他灾害报警系统。
2. 防灾报警系统采用两级管理:一级设在控制中心的_____,一级设在车站、车辆段、通信信号楼等的建筑物内。
3. 针对不同的火灾区域,按照规范要求设置自动灭火系统,采取_____或_____两种自动灭火措施。

二、简答题

1. 简述 FAS 系统组成。
2. 简述城市轨道交通火灾自动报警系统的主要设置场所。
3. 简述 FAS 车站运行方式。
4. 简述 FAS 车站级功能。

三、论述题

1. 结合城市轨道交通的特点,论述城市轨道交通对火灾自动报警系统的基本需求有哪些?
2. 论述 FAS 中央级功能。
3. 论述城市轨道交通 FAS 接口的内容。

学习任务二　城市轨道交通自动灭火系统

课前思考

城市轨道交通设备较多且分布在有限空间内,当发生火灾时,需要及时、有效地鉴别火灾类型并启动相应措施。根据发生火灾模式和火灾灾情,火灾自动报警控制盘执行一系列操作后,启动自动灭火装置(如气体灭火系统、自动喷水灭火系统、水喷雾自动灭火系统)和其他设备[如气体灭火设备、给排水设备、门禁、自动售检票系统(AFC)、电扶梯等]联动。

 **必备知识**

常见的自动灭火系统有气体灭火系统、自动喷水灭火系统和水喷雾自动灭火系统。

一、气体灭火系统

1. 气体灭火系统简介

气体灭火系统布置在重要的设备用房,如变电所高低压室、通信设备室、环控电控室、信号设备室等,实现对设备用房全天候的火灾监视及自动喷气灭火的功能。

气体灭火系统一般由火灾探测报警、灭火控制和灭火气体三部分组成。其工作原理是将气体以液态形式储存在耐高压的储罐中,发生火灾时,火灾探测报警部分通过探测传感器采集现场火灾信息,经判断确定火灾后,发出报警信息、指令,打开气动阀,通过管道喷头释放不同的灭火气体和水雾,淹没整个保护区,从而达到灭火目的。

灭火过程一般如下:①当保护区发生火灾时,感烟探测器和感温探测器所采集的信息,经控制器分析确认,系统发出声、光报警并向防灾报警系统发出报警信息;②同时发出各种联动信号,关闭保护区内的所有其他泄漏口(包括风阀、门、挡烟垂壁等挡烟设备),打开事故照明灯、疏散指示灯、警示标志牌等,并对关闭人员逃生通道给予一定的延时时间(让保护区内人员疏散);③发出指令,打开气动阀释放气体灭火。当气体释放时和完成后,将相关信号反馈到防灾报警系统控制器,以便值班人员掌握气体灭火情况,进行后续处理。

2. 气体灭火系统类型

城市轨道交通采用的气体灭火系统,主要有卤代烷灭火系统、二氧化碳灭火系统及惰性气体(烟烙尽)灭火系统等。

1)1301 卤代烷气体灭火系统

卤代烷气体灭火系统主要有 1211 卤代烷气体灭火系统和 1301 卤代烷气体灭火系统两种。城市轨道交通采用的主要是 1301 卤代烷气体灭火系统。该系统采用的灭火剂的化学名称为三氟溴甲烷,分子式为 $CBrF_3$,因其中碳原子(C)的数量为 1、氟原子(F)的数量为 3、氯原子(Cl)的数量为 0、溴原子(Br)的数量为 1,所以简称为卤代烷 1301,又称为"哈龙气体"。

1301 卤代烷气体灭火系统具有灭火效率高、无水渍、无腐蚀、毒性低、绝缘性强等优点,早年被广泛使用,以往的上海地铁、广州地铁、香港地铁等均选用 1301 卤代烷气体灭火系统。

由于卤代烷会破坏臭氧层,对大气环境造成破坏,现在已较少使用 1301 卤代烷气体灭火系统。

2)二氧化碳灭火系统

二氧化碳灭火系统在 21 世纪初得到了广泛应用,是一种至今仍在一些特定的场合大量使用的气体灭火系统。二氧化碳灭火系统包括高压二氧化碳灭火系统和低压二氧化碳灭火系统。二氧化碳灭火系统主要是依靠高浓度的二氧化碳喷放至保护区,使其中的氧气浓度急速下降至一定程度,使燃烧无法继续。但此种灭火机理会严重影响停留在保护区内人员的生命安全及健康。

二氧化碳来源广泛、价格低廉。二氧化碳灭火系统以物理作用灭火,其中以窒息作用为主,冷却作用为辅。

二氧化碳灭火系统可扑救的火灾类型包括：

(1)液体或可熔化的固体(如石蜡、沥青)火灾。

(2)固体表面火灾及部分固体(如棉花、纸张)深位火灾。

(3)电气火灾。

(4)气体火灾(灭火时不能切断气源的除外)等。

二氧化碳灭火系统的防护区大多是重点部位或无人值守场所。根据保护对象空间是否封闭分类,二氧化碳灭火系统分为全淹没系统与局部施用系统两种类型。全淹没系统使用的二氧化碳设计浓度为34%或更高,这对人来说是致命的。所以,在设有自动控制的防护区外,需设置喷射指示灯和自动手动转换开关及专用的呼吸器,以避免可能对人产生的危害。

3)惰性气体灭火系统(烟烙尽)

烟烙尽(INERGEN),是由惰性(INERT)和氮气(NITROGEN)两个英文名称缩写而成的。它是由几种特定的惰性气体经过简单的物理方式混合而成。这些特定的惰性气体包括氮气、氩气和二氧化碳,其中氮气占52%、氩气占40%、二氧化碳为8%。当组成烟烙尽气体的三种气体喷放到着火区时,在短时间内会使着火区内的氧气浓度降低至不能够支持燃烧的12.5%以下,同时使着火区内的二氧化碳浓度仅上升至2%~5%,从而对燃烧产生窒息作用,使燃烧迅速终止。另外,医学实验证明,人在12.5%的氧气浓度和在2%~5%的二氧化碳浓度的环境下呼吸,人脑所获得的氧量与在正常的大气环境(21%的氧气浓度和0.03%的二氧化碳浓度)下所获得的氧量是一致的。因此,烟烙尽气体不会对人体造成直接伤害。

惰性气体灭火系统的优点:①灭火剂由大气中的气体组成,符合环保要求;②保障了现场工作人员的生命安全;③不会产生任何酸性化学分解物,对精密贵重的设备无任何腐蚀作用。因此,惰性气体灭火系统是较好的气体灭火系统。

惰性气体灭火系统是作为1301卤代烷气体灭火系统的替代品出现的,它具有1301卤代烷气体灭火系统的全部优点,同时又对环境无害。

此外,惰性气体灭火系统使用的设备、管道及配置方式也与1301卤代烷气体灭火系统几乎完全相同。

3.城市轨道交通气体灭火系统的组成

气体灭火系统一般由储气瓶组、灭火剂单向阀、压力开关、选择阀、启动器、气体喷头、集流管及火灾自动报警灭火控制器等组成,如图2-7所示。

1)储存装置主要部件及设置要求

气体灭火系统的储存装置包括灭火剂储存容器、集流管、单向阀、连接软管及储瓶间等。通常是将其组合在一起,放置在靠近防护区的专业储瓶间内。储存装置既要储存足够量的灭火剂,又要保证在着火时能及时开启,释放出灭火剂。

(1)灭火剂储存容器

灭火剂储存容器(图2-8)长期处于充压工作状态,是气体灭火系统的主要组件之一,对于系统能否正常工作影响很大。

灭火剂储存容器的作用:灭火剂储存容器既要储存灭火剂,又是系统工作的动力源,为系统正常工作提供足够压力。

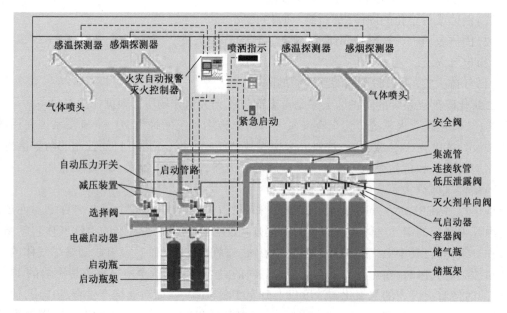

图 2-7 气体灭火系统组成

灭火剂储存容器的类型:二氧化碳储存容器有高压储存容器和低压储存容器两种。

灭火剂储存容器的设置要求:

①灭火剂储存容器应满足充装压力的强度要求。

②在灭火剂储存容器或容器网上,应设安全泄压装置和压力表。

③同一防护区的灭火剂储存容器,其尺寸大小、灭火剂充装量和充装压力应相同。

④灭火剂储存容器上应设有耐久固定的金属标志牌,标明每个储存容器的号码、灭火剂充装量、充装日期、充装压力等内容。

⑤灭火剂储存容器和集流管必须用支架或框架固定,以防止灭火剂储存容器翻倒或零部件损坏。

⑥灭火剂储存容器的布置及安装必须便于检查、试验、补充和维护,并确保尽量减少中断保护的时间。

⑦灭火剂储存容器不应安装在气候条件恶劣或易受机械、化学及其他损害的场所,否则应加强保护或设置围护装置。

图 2-8 储瓶间及灭火剂储存容器

(2)集流管

集流管的作用:集流管在系统中担负的任务是将若干储气瓶同时开启而释放的灭火剂汇集起来,然后通过分配管道输送至保护区空间。

集流管的设置要求:集流管为一较粗的管道,工作压力不小于最高环境温度时的灭火剂储存容器压力;集流管上应设有安全阀,以便管内超压时泄压,防止发生爆炸事故。

(3)单向阀

单向阀的作用:单向阀用于控制介质流向。当气体灭火系统较大,灭火剂储存容器较多时,应成组布置。这种情况下每个灭火剂储存容器都应设有单向阀,防止灭火剂回流到空瓶或从卸下的储气瓶接口处泄漏。单向阀如图2-9所示。

单向阀的设置要求:单向阀可设置在连接软管的前边或后边。启动气体管路中根据需要设置必要的单向阀,用以控制启动气瓶释放的高压气体来开启相应的阀门。

(4)连接软管

连接软管的作用:为了便于灭火剂储存容器的安装与维护,减缓释放灭火剂时对管网系统的冲击力,一般在单向阀与容器阀或单向阀与集流管之间采用软管连接。

连接软管的设置要求:连接软管应为钢丝编织的耐压胶管,两端装有接头,组成连接软管组,如图2-10所示。

图2-9 单向阀

图2-10 连接软管

(5)储瓶间

储瓶间的作用:气体灭火系统应采用专用的储瓶间放置系统设备,以便于系统的维护管理。

储瓶间的设置要求:储瓶间应靠近防护区,房间的耐火等级不应低于二级,房间出口应直接通向室外或疏散走道。

2)启动分配装置主要部件及设置要求

气体灭火系统启动分配装置包括启动气瓶、选择阀、启动气体管路。

(1)启动气瓶

启动气瓶的作用:启动气瓶充有高压氮气,用于打开灭火剂储存容器上的容器阀及相应的选择阀。组合分配系统和灭火剂储存容器较多的单元独立系统,一般采用设置启动气瓶的启动方式。

启动气瓶的开启:启动气瓶容积较小,通过瓶头阀实现自动开启。其中,瓶头阀为电动型或电引爆型,由FAS控制开启。

(2)选择阀

选择阀的作用:在组合分配系统中,应设置与每个防护区相对应的选择阀,以便在系统启动时,能够将灭火剂输送到需要灭火的防护区中。选择阀的功能相当于一个常闭的二位二通阀,平时处于关闭状态,在系统启动时,与需要释放灭火剂的防护区相对应的选择阀则被打开。

选择阀的启动方式:选择阀的启动方式有电动式和气动式选择阀两类。电动式选择阀一般是利用电磁铁通电时产生的吸力或推力打开阀门;气动式选择阀则是利用压缩气体推动气缸中的活塞打开阀门。压缩气体可以利用灭火剂储存容器中灭火剂压力,也可以采用其他的启动源。无论是电动式选择阀还是气动式选择阀,均设有手动操作机构,以便在自动启动失灵时,仍能将阀门打开,保证系统将灭火剂输送到需要灭火的防护区。选择阀及其构造图,如图 2-11 所示。

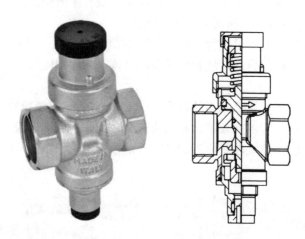

图 2-11 选择阀及其构造图

选择阀的设置要求:选择阀的位置应靠近灭火剂储存容器且便于手动操作。选择阀的公称直径应与所对应的防护区主管道的公称直径相同。选择阀上应设有标明其所属保护区的金属标志牌。

(3)启动气体管路

启动气体管路的作用是输送启动气体。

3)灭火剂输送释放装置主要部件及设置要求

灭火剂输送释放装置包括管道和喷嘴。

(1)管道

管道的作用:管道在气体灭火系统中担负着输送灭火剂的任务。

管道常用的管道附件与水系统相同,如三通、弯头、接头、堵头等,应根据其连接的管道材料和壁厚进行选择。管道附件与管道连接后,应具有良好的密封性能和强度。

管道的设置要求:

①管道应尽量短、直,避免绕流。

②管道宜布置成均衡管道。

③阀门之间的封闭管段应设置安全卸荷装置。在设置安全卸荷装置时,应考虑到卸荷时,喷射物不会伤人或不会使人处于危险境地。如有必要,应该用管道将释放物输送到对人员无危险的地方。

④在通向每个防护区的主管道上应设置压力信号器或流量信号器。

⑤设置在有爆炸危险的可燃气体、蒸汽或粉尘场所内的气体灭火系统,其管道应设置防静电接地装置。因为当释放液化气体时,不接地的导体可能产生静电荷,而通过导体可能向其他物体放电,产生足够量的电火花,在有爆炸危险的防护区内可能引起爆炸。

(2)喷嘴

喷嘴的作用:保证灭火剂以特定的射流形式喷出,促使灭火剂迅速气化,并在饱和空间达到灭火浓度。

常用喷嘴类型有全淹没系统二氧化碳喷嘴、局部应用系统二氧化碳喷嘴和卤代烷灭火系统喷嘴等。

喷嘴的设置要求：

①喷头应均匀分布，以保证防护区内灭火剂分布均匀。

②设置在有粉尘场所的喷头，应增设不影响喷射效果的防尘罩。喷嘴如图2-12所示。

图2-12 喷嘴

4. 城市轨道交通气体灭火系统操作与运行管理

1）工作原理

当气体灭火系统防护区发生火灾后，火灾探测器将燃烧过程中产生的烟、温、光等转化成电信号输入到火灾自动报警控制器，经火灾自动报警控制器鉴定确认后，启动火灾报警装置，发出火灾声、光报警信号。当气体灭火系统处于自动状态时，灭火控制盘接到火灾信号后，灭火控制盘启动开口关闭装置、通风等联动设备，并经延时（可调）再启动阀驱动装置，并同时打开灭火剂储存装置及选择阀，将灭火剂释放到防护区进行灭火。释放灭火剂时，压力信号器给出反馈信号，通过灭火控制盘再发出释放灭火剂的声、光报警信号。

2）系统操作

（1）气体灭火系统的启动方式

气体灭火系统的启动方式分为自动控制启动方式、手动控制启动方式和机械应急启动方式三种。

①自动控制启动方式。

自动控制是指利用FAS自动探测火灾，并由消防控制中心自动启动气体灭火系统，不需要人员介入的操作与控制方式。当采用火灾探测器启动系统报警时，应在接收到两个独立的火灾报警信号后延时一定时间。迅速、准确地探测火灾，对保证系统可靠、有效地工作至关重要。任何性能良好的火灾探测器由于本身质量或环境条件的影响，在长期运行中不可避免地产生误报。一旦误报甚至驱动气体灭火系统释放灭火剂，不仅会损失灭火剂，而且会影响正常工作，使人们对系统失去信心。因此，气体灭火系统要求接到两个独立的火灾报警信号后才启动。

自动控制应根据人员疏散要求，设置延时启动，但延时启动的时间不应超过30s。经常有人的场所还可以设置紧急切断装置，以关闭系统的自动控制启动功能。这样可保证在误报情况下或火势很小、可以用灭火器扑灭的情况下，不再启动气体灭火系统。

②手动控制启动方式。

手动控制是一种远程控制启动方式，可以采用气动方式或电动方式。手动控制操作装置应设在防护区外便于操作的地方，且使人容易识别，并应能在一处完成系统启动的全部操作。

手动控制操作应不受自动控制操作的制约，在自动控制失灵或遭到破坏时，也应能进行释放灭火剂操作。

③机械应急启动方式。

机械应急操作是一种应急手段,即要求气体灭火剂储存容器的容器阀有手动机械启动装置。当电动启动装置发生故障时,机械应急操作能够保证系统启动。机械应急操作应是直接启动储存容器,尽量减少中间环节。

不论采用哪种启动方式,都应保证系统所有的灭火剂储存容器全部一次开启。

3)运行管理

(1)气体灭火系统的安全要求

气体灭火系统所使用的几种灭火剂具有窒息性或低毒性,一旦发生火灾系统启动,为确保防护区内人身安全和系统顺利实施灭火,防护区内必须采取下列安全措施:

①应有保证人员在30s内疏散完毕的通道出口。

②室内的疏散通道及出口应设置应急照明与疏散指示标志。防护区内应设置火灾声音报警器,必要时可增设闪光报警器。防护区的入口应设置火灾声、光报警器和灭火剂喷放指示灯,以及防护区采用的相应气体灭火系统的永久性标志牌。灭火剂喷放指示信号应保持到防护区通风换气后,以手动方式解除。

③门应向疏散的方向开启,并能自动关闭。用于疏散的门必须能从防护区内打开。

④防护区应能通风换气,地下防护区和无窗或设有固定窗扇的地上防护区应设置机械排风装置,排风口宜设置在防护区的下部并应直通室外。

⑤门应向外开启,储瓶间内应设置应急照明。储瓶间应具有良好的通风条件,地下储瓶间应设置机械排风装置,排风口应设在下部,可通过排风管排出室外。

⑥有爆炸危险和变电、配电场所的管网以及布设在以上场所的金属箱体等,应设置防静电接地。

⑦防护区的灭火设计浓度或实际使用浓度不应大于有毒性反应浓度(LOA-EL浓度),该浓度值应符合现行《气体灭火系统设计规范》(GB 50370)的规定。

⑧室内设置的预制灭火系统的充压压力不应大于2.5MPa。

⑨系统的手动控制与机械应急操作应有防止误操作的警示显示与措施。

⑩灭火系统装置喷口前0.1m内,装置的背面及侧面顶部0.2m内,不应设置或存放设备、器具等,设有气体灭火系统的场所宜配置空气呼吸器。

(2)气体灭火系统的使用要求

①系统应由经过专门培训并经考试合格的专人负责定期检查和维护。

②系统投入使用时,应具备下列文件资料:系统主要组件使用说明书、系统维护说明书、系统工程流程图和操作规程、系统维护检查记录表、值班守则和运行日志。

③系统操作人员应清楚气体灭火系统组件的工作原理、防护区位置、管道走向、喷头布置、启动装置的启动方式和启动喷放区域。

(3)气体灭火系统日常巡查内容

气体灭火系统日常巡查内容包括气体灭火控制器工作状态,储瓶间环境,气瓶组或储存罐外观,选择阀、驱动装置等组件外观,紧急启、停按钮外观,放气指示灯及报警器外观,喷嘴外观,防护区状况。

二、自动喷水灭火系统

1. 自动喷水灭火系统简介

自动喷水灭火系统是利用发生火灾后,所产生的热量气体(如二氧化碳和未燃尽的一氧化碳)接触到附近自动喷水灭火系统的可熔控制部件,当可熔控制部件受热后自动断开,自动喷水灭火系统就会喷出一定压力的水流来扑灭所保护区域的火灾。

水喷淋灭火系统

自动喷水灭火系统一般用于商场、办公楼、宾馆、城市轨道交通车站公共区等人员较密集的场所。

自动喷水灭火系统是按一定的间距和高度安装一定数量喷头的供水灭火系统。

按用途、组成部件和工作原理的不同,自动喷水灭火系统可分为湿式自动喷水灭火系统、干式自动喷水灭火系统和预作用式自动喷水灭火系统。当安装自动喷水灭火系统的场所发生火灾时,该系统能自动喷水灭火并自动报警。在所有固定式灭火设备中,自动喷水灭火系统具有使用范围广、价格便宜、工作性能稳定、灭火效果好等特点,因此广泛应用于可以用水灭火的场所。

湿式自动喷水灭火系统一般由以下四部分组成:

(1)湿式报警阀装置部分:主要由湿式阀、延时器、水源、系统压力表、报警控制阀、过滤器、止回阀、主排放阀、节流阀等组成。

(2)报警控制部分:主要由压力开关、水流指示器、水力警铃、报警控制柜等组成。

(3)供水部分:主要由蓄水池、喷淋泵、压力水罐、高位水箱、水泵接合器等组成。

(4)管网部分:主要由闭式玻璃球喷头、供水管、电磁阀门、末端泄放装置、压力表等组成。

湿式自动喷水灭火系统的工作原理:湿式自动喷水灭火系统的管网内充满了水,并保持一定的压力。一旦被保护区域发生火灾,当火灾区域燃烧产生的热气达到一定温度(70℃)时,洒水喷头的玻璃球受热膨胀破裂,喷头开始喷水灭火;管网水压降低,湿式报警阀的压力开关供水一侧压力大于管网压力,分割活塞自动开启向管网一侧补水,平衡压力,活塞同时牵动水力警铃开始报警,相关信号被发送到消防水泵控制柜,启动消防水泵供水。湿式自动喷水灭火系统的工作原理如图2-13所示。

2. 自动喷水灭火系统的运行管理和操作规程

1)运行管理

城市轨道交通自动喷水灭火系统设备均应保持良好的状态,以备随时投入使用。车站运行人员应定期巡视检查设备,如发现故障,应及时准确地汇报故障情况。任何人不得随意改变消火栓供水管道的状态,全部自动喷水灭火系统管道的阀门均应处于开启,并开启至最大位置。为此,操作人员应熟悉自动喷水灭火系统供水管道的阀门位置、管道走向、设备现状,定期进行自动喷水灭火系统设备的联动检查并做好设备检查记录。以上设备检查均应在保证城市轨道交通自动喷水灭火系统系统正常运行的前提下进行。

(1)正常运行方式

自动喷水灭火系统的常用、备用增压泵和稳压泵均应能随时启动,保持良好工作状态,消防泵房自动喷水灭火系统就地控制箱均应处于自动状态运行。水消防系统的阀门、管道等均应完好,消防供水阀门常开。湿式报警阀压力应该在正常状态(供水压力一般为0.15~0.5MPa),配有稳压泵的系统,其稳定水压不应低于0.25MPa。

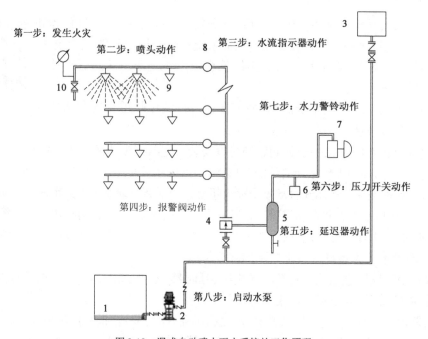

图2-13 湿式自动喷水灭火系统的工作原理
1-水池;2-消防水泵;3-水箱;4-报警阀;5-延迟器;6-压力开关;7-水力警铃;8-水流指示器;9-喷头;10-试验装置

(2)非正常运行方式

①自动喷水灭火系统的增压水泵和稳压泵处于自动控制或遥控操作失灵状态时,应采用手动控制操作。

②自动喷水灭火系统的增压水泵处于失电状态时,消防供水采用相邻车站消防泵增压供水。

③当自动喷水灭火系统供水管道发生严重漏水时,应立即关闭漏水处管道两端阀门,必要时关闭总阀门。当消防系统误启动时,应立即停止,并对系统管网进行卸压操作。

④水消防试验应按水消防试验操作规程执行。

⑤消防检查时,若确需进行水泵试验,则必须先打开消防泵房内消防旁路放水阀门后再执行。

2)操作规程

(1)日常巡视。

自动喷水灭火系统正常工作状态为24h处于自动状态,系统供水阀门常开。自动喷水灭火系统的日常巡视、抄表每天不少于两次。

(2)每次巡视需检查喷头外观是否完好,湿式报警阀压力是否处于正常状态(供水压力一般在0.15~0.5MPa,配有稳压泵的系统压力应大于0.25MPa),喷淋泵的进水压力是否正常,泵体是否漏水,各阀门开关状态是否准确,延时器、水力警铃压力开关外观是否完好,末端放水压力是否和系统压力相符,管网是否漏水,等等。

(3)在巡视过程中如发现异常情况应及时处理,并向环控调度汇报,将异常情况及处理经过记录在运行日志上。

(4)当发生火灾时,自动喷水灭火系统的操作方法如下:

①在发生火灾时,自动喷水灭火系统喷嘴玻璃球因温度上升(温度在68℃以上)致使玻璃球自动破裂而喷水灭火,引起水流指示器动作,水力警铃报警声响,压力开关动作,自动喷水灭火系统水泵启动。

②当自动启泵失灵时,应立即在车站控制室手操箱上或消防泵房就地控制箱上手动启泵。

③当系统供水中断时,应立即向环控调度汇报并做好协助地面消防车的供水工作。

④确认火灾已被扑灭,方可手动停泵,关闭自动喷水灭火系统供水阀门。

⑤检查设备是否有缺损。自动喷水灭火系统的喷头必须调换,待系统正常后,将自动喷水灭火系统置于自动状态,并将异常情况处理经过记录在运行日志上。

3. 自动喷水灭火系统试验的操作步骤

(1)试验前做好检查工作,消防报警主机和喷淋泵控制箱处于自动位置。湿式报警阀的供水压力一般在0.15~0.5MPa。当供水压力小于0.14MPa时(未配有稳压泵的系统,其湿式报警阀会发生不能动作现象),待水压高于0.14MPa时再做试验,并做好供水压力过低记录。

(2)打开末端自动喷水灭火系统试验阀放水,水流指示器动作并报警,湿式报警阀自动打开,水力警铃报警声响,压力开关动作,自动喷水灭火系统水泵自动启泵。

(3)水泵自控运行后,即可手动停泵,关闭放水阀。

(4)检查设备是否有缺损,检查湿式报警阀自动复位是否正常,使系统处于自动状态。

(5)自动喷水灭火系统联动试验每月一次,信号蝶阀3个月开关一次。湿式报警阀旁的放水试验阀每3个月放水试验一次。

4. 自动喷水灭火系统特殊情况应急处理

(1)发生误喷时的应急处理:

①立刻关闭湿式报警阀前的蝶阀。如果喷淋泵启动,则立即关闭喷淋泵,再进行系统复位。

②将误喷情况汇报给环控调度。

③自动喷水灭火系统修复后,将系统恢复至自动状态。

(2)水压波动及超压时的应急处理:

在正常情况下,自动喷水灭火系统的供水压力为0.15~0.5MPa,当自动喷水灭火系统水压大于0.6MPa或水压波动时,应进行如下操作:

①喷淋泵因供水水压波动引起误动时,应立即停泵,并对系统进行放水卸压,待系统压力正常后,将系统恢复自动状态。

②当自动喷水灭火系统水压大于0.6MPa,自动喷水灭火系统并未引起误动时,应对系统进行放水卸压,待系统压力正常后,将系统恢复至自动状态。

三、水喷雾自动灭火系统

1. 水喷雾自动灭火系统简介

水喷雾自动灭火系统是指利用水雾喷头在一定水压下将水流分解成细小水雾滴进行灭火或防护冷却的一种固定式灭火系统。水喷雾自动灭火系统是在自动喷水灭火系统的基础上发展起来的,具有安全可靠、经济实用、适用范围广、灭火效率高等优点。

水喷雾自动灭火系统组成有固定式装置和移动式装置两种。移动式装置可起到固定式装置的辅助作用。该系统主要由水源、供水设备、供水管道、雨淋阀组、过滤器和水雾喷头组成。水喷雾喷头一般可分为离心雾化型喷头和撞击雾化型喷头。

2. 灭火原理

(1) 表面冷却:当水雾滴喷射到燃烧表面时,因换热面积大而吸收大量的热迅速汽化,使燃烧物表面温度迅速下降到物质热分解所需要的温度以下,使热分解中断,燃烧即终止。

(2) 窒息:水雾滴受热后汽化形成原体积1680倍的水蒸气,可使燃烧物质周围的空气中氧含量降低,燃烧将会因缺氧而受抑或中断。

(3) 乳化:当水雾滴喷射到正在燃烧的液体表面时,由于水雾滴的冲击,在液体表层造成搅拌作用,从而造成液体表层的乳化,由于乳化层的不燃烧使燃烧中断。

(4) 稀释:对于水溶性液体火灾,可利用稀释液体,使液体的燃烧速度降低而灭火。灭火的效果取决于水雾的冷却、窒息和稀释的综合效应。

以上四种作用在水雾喷射到燃烧物质表面时,通常为几种作用同时发生而实现灭火。由于水喷雾自动灭火系统具备上述灭火机理,不仅在扑灭固体可燃物火灾中提高了水的灭火效率,而且由于细小水雾滴的形式所具有的不会造成液体飞溅、电气绝缘度高的特点,在扑灭可燃液体火灾和电气火灾中得到广泛的应用。

3. 系统特点

(1) 绿色环保和灭火高效性。细水雾对人体无害,对环境无影响,不会在高温下产生有害的分解物质。由于它具有高效的冷却作用和明显的吸收烟尘作用,更加有利于火灾现场人员的逃生与扑救。同时,水喷雾自动灭火系统能够承受保护区域一定限度的通风,不受障碍物的遮挡,被遮挡时仍然可以发挥灭火效能。

(2) 广泛适用性。

(3) 良好的电绝缘性。由于细水雾的水滴粒径更小,喷雾时呈不连续性,所以电气绝缘性更好。

(4) 去除烟气作用。细水雾蒸发后体积膨胀而充满整个火场空间,细小的水蒸气颗粒极易与燃烧形成的游离碳颗粒结合,从而对火场环境起到很强的洗涤、降尘、净化效果,可以有效地消除烟雾中的腐蚀性及有毒物质,利于人员疏散和消防员的灭火救援工作。

4. 适用范围

(1) 可燃固体(A类)火灾。水喷雾自动灭火系统可以有效扑灭一般的A类燃烧物,包括纸张、木材和纺织品的深位火灾以及塑料泡沫、橡胶等危险固体火灾等。

(2) 可燃液体(B类)火灾。水喷雾自动灭火系统可以有效扑灭可燃液体火灾。

(3) 电气火灾。水喷雾自动灭火系统可以有效扑灭电气火灾,包括电缆火灾、控制柜等电子电气设备火灾和变压器火灾等。

(4) 厨房火灾。水喷雾自动灭火系统可以有效扑灭厨房火灾。厨房内的烹饪油料火灾十分难以扑救。因其燃烧温度高且易于复燃,这种火灾不能用泡沫灭火器、干粉灭火器或二氧化碳灭火器有效扑灭。

(5) 水喷雾自动灭火系统不能直接用于遇水发生剧烈反应或产生大量危险产物的物体火灾,不能直接应用于液化或液化气体火灾。

5. 系统分类

1) 按工作压力分类

按工作压力,水喷雾自动灭火系统可分为低压系统、中压系统和高压系统三种。

(1) 低压系统:系统管网工作压力小于或等于 1.21MPa 的水喷雾自动灭火系统。

(2) 中压系统:系统管网工作压力大于 1.21MPa 且小于 3.45MPa 的水喷雾自动灭火系统。

(3) 高压系统:系统管网工作压力大于 3.45MPa 的水喷雾自动灭火系统。

2) 按应用方式分类

按应用方式,水喷雾自动灭火系统可分为全淹没式系统、分区保护式系统和局部应用式系统三种。

(1) 全淹没式系统:该系统是向整个封闭空间内喷射细水雾并维持一定时间,以实现对所有危险物进行保护的水喷雾自动灭火系统。

(2) 分区保护式系统:该系统是对封闭空间内预先划定的区域中所有危险物进行保护的一种水喷雾自动灭火系统。

(3) 局部应用式系统:该系统是向封闭、敞开或半敞开空间中的某一个被保护物或危险点直接喷射细水雾,并持续一定时间的水喷雾自动灭火系统。

3) 按动作方式分类

按动作方式,水喷雾自动灭火系统可分为开式系统和闭式系统两种。

(1) 开式系统:由 FAS 或传动管控制,自动开启雨淋报警阀,启动供水泵后,向开式洒水喷头供水的自动喷水灭火系统,是水喷雾自动灭火系统应用最多的方式。

(2) 闭式系统:采用闭式水喷雾自动喷头的水喷雾自动灭火系统又可以分为湿式、干式和预作用三种。

 课后习题

一、填空题

1. 气体灭火系统一般由_____、_____和_____三部分组成。
2. 选择阀的启动方式有_____和_____两类。
3. 灭火剂输送释放装置包括_____和_____。

4. 气体灭火系统的启动方式分为_____、_____和_____三种。

5. 机械应急操作应是直接启动_____,尽量减少中间环节。

二、选择题

1. 管道在气体灭火系统中担负着的任务是(　　)。
   A. 输送灭火剂　　　　　　　　　　B. 输送氧气
   C. 输送燃料　　　　　　　　　　　D. 输送气体

2. 手动控制操作是一种(　　)启动方式,可以采用气动或电动方式。
   A. 远程控制　　　　　　　　　　　B. 就地控制
   C. 自动控制　　　　　　　　　　　D. 两地控制

3. 城市轨道交通消防系统中自动控制应根据人员疏散要求,设置延时启动,但延时启动的时间不应超过(　　)。
   A. 30s　　　　B. 35s　　　　C. 40s　　　　D. 45s

4. 城市轨道交通消防系统对气体灭火系统安全中应保证人员在(　　)内疏散完毕。
   A. 30s　　　　B. 35s　　　　C. 40s　　　　D. 45s

5. 当火灾区域燃烧产生的热气达到(　　)时,洒水喷头的玻璃球受热膨胀破裂,喷头开始喷水灭火。
   A. 60℃　　　　B. 70℃　　　　C. 80℃　　　　D. 85℃

三、简答题

1. 简述气体灭火系统的工作原理。
2. 简述二氧化碳灭火系统可扑灭的火灾类型。
3. 简述城市轨道交通气体灭火系统的组成。
4. 简述启动气瓶的作用。
5. 简述湿式自动喷水灭火系统的组成。

四、论述题

1. 论述自动喷水灭火系统特殊情况应急处理相关内容。
2. 论述水喷雾自动灭火系统的灭火原理。

学习任务三　城市轨道交通消防相关设备

课前思考

城市轨道交通给人们出行带来很大的便利,随着线路数量日益增加,必须增强安全管理意识和完善防灾应急处理措施。在火灾防护方面,消火栓、灭火器、防火卷帘门、防火门、防烟排烟系统等设备为城市轨道交通的安全运营保驾护航。这些设备的管理、维护、使用是城市轨道交通工作人员必备技能。

 必备知识

一、消火栓

1. 系统组成

城市轨道交通消火栓系统主要由消防水源(市政供水或消防水池)、消防水管、室内消火栓箱(包括水带、水枪、消防软管卷盘等)和室外消火栓、消防水泵、稳压泵、稳压罐、消防水泵控制柜、消防水泵接合器等组成。

(1)消火栓设备,由水枪、水带、消火栓组成。

(2)给水管网,由引入管、消防干管、消防立管以及相关阀门、阀件组成。

(3)屋顶消火栓供消火栓给水系统检查试用时使用。

2. 放置位置

(1)消火栓应放置于走廊或厅堂等公共空间,一般位于上述空间的墙体内,不能对其做任何装饰,要求有醒目的标识(写明"消火栓"),并且不得在其前方设置障碍物,避免影响消火栓门的开启。

(2)消火栓一般不设在房间内,主要原因有两点:一是不符合消防的规定;二是不利于消防人员及时救援。

3. 消火栓箱的使用方法

1)水枪的使用

(1)打开消火栓箱,按下内部火警按钮(按钮用于报警)。

(2)一人接好枪头和水带奔向起火点。

(3)另一人接好水带和阀门口。

(4)逆时针打开阀门,水喷出即可。

注意:电起火要切断电源。

2)水带的使用

(1)打开消火栓箱,取出水带。

(2)抛水带。右手握住水带,然后用力向正前方抛出,使水带向正前方摊开。

(3)接水带。右手将水带接头与消火栓接头对接,并顺时针转动至卡紧为止。

(4)接水枪、打开消火栓阀门。迅速拿起另一头水带接头,一手拿着水枪奔向着火部位,将水枪头接上水带接口,并将消火栓阀门打开。

(5)灭火。射水时,采取包围灭火战术阻止火势和烟雾向四周扩散,以便进行有效控制,直至将火扑灭。

注意:如遇电气火灾,应先断电后灭火。

3)消防软管卷盘的使用

(1)消防软管卷盘一般供扑救初期火灾使用。

(2)使用消防软管卷盘时,首先打开箱门将卷盘旋出,然后拉出胶管和小口径水枪,开启

供水闸阀即可进行灭火。消防软管卷盘除绕自身旋转外,还能随箱门旋转,使用比较灵活,不需要将胶管全部拉出就能开启阀门供水。

(3)使用完毕后,先关闭供水闸阀,待胶管排除积水后卷回卷盘,将卷盘转回消火栓箱。

4. 消火栓的种类

消火栓主要包括以下7种。

1)室内消火栓

室内消火栓是室内管网向火场供水的、带有阀门的接口,为工厂、仓库、高层建筑、公共建筑及船舶等室内固定消防设施,通常安装在消火栓箱内,与消防水带和水枪等器材配套使用。减压稳压型消火栓就属于室内消火栓。

2)室外消火栓

室外消火栓是扑救火灾的重要消防设施之一。室外消火栓是设置在建筑物外面的消防给水管网上的供水设施,主要供消防车从市政给水管网或室外消防给水管网取水实施灭火,它可以直接连接水带、水枪出水灭火。

3)旋转消火栓

旋转消火栓是指栓体可相对于与进水管路连接的底座水平360°旋转的室内消火栓。它具有栓体与底座相对旋转的特点,因此可以在超薄箱体内安装,使得箱体减薄成为可能。当不使用时,可将栓体出水口旋转至与墙体平行状态,即可关闭箱门;在使用时,将栓体出水口旋出与墙体垂直,即可接驳水带,便于操作。

4)地下消火栓

地下消火栓是一种室外地下消防供水设施。地下消火栓可用于向消防车供水或直接与水带、水枪连接进行灭火,是室外必备消防供水的专用设施。地下消火栓安装于地下,不影响市容、交通。地下消火栓由阀体、弯管、阀座、阀瓣、排水阀、阀杆和接口等零部件组成。地下消火栓是城市、厂矿、电站、仓库、码头、住宅及公共场所必不可少的灭火供水装置,尤其是市区及河道较少的地区更需装设。地下消火栓的特点是结构合理、性能可靠、使用方便。当采用地下消火栓时,应有明显标志。寒冷地区多使用地下消火栓。

5)地上消火栓

地上消火栓是一种室外地上消防供水设施。地上消火栓用于向消防车供水或直接与水带、水枪连接进行灭火,是室外必备消防供水的专用设施。地上消火栓上部露出地面,标志明显,使用方便。地上消火栓由阀体、弯管、阀座、阀瓣、排水阀、阀杆和接口等零部件组成。地上消火栓是一种城市必备的消防器材,尤其是市区及河道较少的地区更需装设,以确保消防供水需要。厂矿、仓库、码头、货场、高楼大厦、公共场所等人口稠密的地区有条件的都应安装地上消火栓。

6)双口双阀消火栓

双口双阀消火栓是室内消火栓的一种,安装在建筑物内消防管网上,是向火场供水的带有阀门的接口。它通常安装在消火栓箱内,与消防水带和水枪等配套使用。

7)室外直埋伸缩式消火栓

室外直埋伸缩式消火栓平时收缩在地面以下,使用时再拉出地面工作,它和地上消火栓相比,避免了碰撞,防冻效果好;和地下消火栓相比,不需要建地下井室,在地面以上连接,工作方便。室外直埋伸缩式消火栓的接口方向可根据接水需要做360°旋转,使用更加方便。

5. 消火栓安装要点

消火栓与消防给水系统相接,设有开关阀门和一个或多个给消防水带供水或给消防车供水的装置。消火栓的安装要点如下:

(1)当室内外消火栓由市政给水管网直接供水,且采用独立消防给水系统时,应在与市政给水管网接口处设置倒流防止器。

(2)干式消火栓系统的充水时间不应大于3min。

(3)室外消火栓的布置数量应根据消火栓的保护半径和室外消火栓消防用水量等综合计算确定,每个室外消火栓的出流量宜按15L/s计算,与保护对象的距离在5~40m范围内的市政消火栓,可计入室外消火栓的数量内。

(4)室外消火栓应沿高层建筑周围均匀布置,不宜集中布置在建筑物一侧,高层建筑扑救面一侧室外消火栓的数量不宜少于2个。

(5)在市政给水管网的入户管倒流防止器前应设置一个室外消火栓。

(6)消防给水管网应用阀门分成若干独立段,每段内消火栓的数量不宜超过5个。

(7)室外消火栓距消防水泵接合器的距离,不宜小于15m,也不宜大于40m。

6. 消火栓的日常作用

人们普遍认为,只要消防车到达火场,就可以立即出水灭火。其实不然,在消防队装备的消防车中有相当一部分是不带水的,如举高消防车、抢险救援车、火场照明车等。消火栓必须和灭火消防车配套使用。一些灭火消防车因自身运载水量有限,在灭火时也急需寻找水源。这时,消火栓就能发挥出巨大的供水功能。

在现实生活中,由于一些单位和个人的消防安全意识淡薄,消火栓经常被损坏;一些布设在主要街道旁的消火栓被建筑工程圈占、掩埋;一些消火栓被车辆、摊点等"围"得水泄不通,根本无法连接,有的消火栓甚至被中断了供水,严重影响着灭火工作的顺利开展。一旦发生火灾,这些消火栓将无法发挥其应有的作用。

消火栓是保障消防队灭火的重要工具。消火栓的不足和损坏,对人民的生命和财产安全构成严重威胁。因此,增强消火栓保护意识非常重要。

7. 消火栓的运行管理和操作

1)运行管理

城市轨道交通消火栓设备均应保持良好的状态,以备随时投入使用。车站运行人员应定期巡视检查设备,如发现故障,应及时准确汇报故障情况。任何人不得随意改变消火栓供水管网的状态,全部消火栓供水管网的阀门均应处于开启状态,并开启至最大位置。为此,操作人员应熟悉消火栓供水管网的阀门位置、管道走向、设备现状,定期进行消火栓设备的联动检查,并做好设备检查记录。以上设备检查均应在保证城市轨道交通消防系统正常运行的前提下进行。

(1)正常运行方式

①水消防系统的常用、备用消火栓系统增压泵和稳压泵应保持随时启动的工作状态,消防

泵房消火栓就地控制箱应处于自动状态运行。

②水消防系统的阀门、管网等完好,消防供水阀门常开。

③消防供水压力大于 0.08MPa,配有稳压泵的系统,其稳定水压大于 0.25MPa。

(2)非正常运行方式

①当消火栓系统的增压泵和稳压泵处于自动控制或通用控制操作失灵状态时,应采用手控操作。

②当消火栓系统的增压泵处于失电状态时,消防供水采用相邻车站消防泵增压供水。

③当消火栓系统供水管道发生严重漏水时,应立即关闭漏水处管道两端阀门,必要时关闭总阀门。

④当消防泵误启动时,应立即停泵,并对管网系统进行卸压操作。

⑤水消防试验按操作规程执行。

⑥消防检查时,若确需进行水泵试验,则必须先打开消防泵房内消防旁路放水阀门后再执行。若泵房内无旁路放水阀门,则必须待列车停运后进行水泵试验,并先接好水带再打开消火栓阀门。

2)消火栓系统设备日检

(1)设备日检包括检查水消防增压泵、稳压泵、阀门、管道、压力表等。

(2)各类设备每日按规定巡视,在防汛防台风期间,可适当增加巡视次数。

(3)日检按下列项目进行:

①观察正在运行的泵是否正常工作,主要包括是否漏水、漏油、电机有无异常噪声、工作电流是否在额定范围内、压力表及管道是否正常等。

②观察设备状态是否正常,主要包括控制位置、压力表指示、管道与阀门等是否正常。

(4)保持设备用房的环境整洁及设备清洁。

(5)巡视中若发现问题,必须立即向环控调度汇报,尽快恢复设备的正常状态。

(6)对巡视的内容与发现的问题做好记录。

3)消火栓系统设备的试验操作

(1)试验前准备工作。

消火栓系统每月进行一次试验,试验前,应检查以下项目:

①消防泵外观是否完好,水泵油位是否正常。

②消防管网供水水压是否正常。

③消防泵的进出口阀门应常开。

④室外消防接合器应完好。

⑤消火栓电器控制箱供电是否正常,稳压泵和增压泵是否在自动状态。

(2)试验操作步骤:

①按下手动报警或电话报警。

②打开消火栓箱取出水带,连接消火栓及水枪,打开阀门,随即启动水泵按钮,持枪喷水。

③水泵通用控制启动后,消防控制中心消防报警系统应有显示,水泵运行可控制在 15 min 以内,但不应小于 5min,运行中进行主备电源切换,并在 30s 内能重新投入正常运行,同时模拟主泵发生故障,备用水泵能自动投入运行。若情况正常即可手动停泵,然后关闭阀门,取下水枪、水带,水带要冲净晾干。

④对试验中出现的故障,应及时报修,以便再次使用。

4)消火栓系统的操作规程

(1)当发生火灾时,按下手动报警或电话报警。

(2)打开消火栓箱,取出水带连接消火栓及水枪,打开消火栓阀门,随即启动水泵按钮,持枪喷水。

(3)当消防泵遥控启动失灵时,立即手控启动;当手动操作也无法启动时,应通知相邻车站启动消火栓泵,对本站管网增压。

(4)在火灾确认被扑灭并接到命令后,方可手动停泵,关闭消火栓。

(5)使用后的水枪、水带要冲净、晾干,并归位。

(6)检查消防设备是否有缺损,若有则应报修或补缺,以便再次使用。

(7)当消火栓系统压力大于0.6MPa时,应对系统进行放水卸压;待系统压力正常后,将系统恢复至正常运行方式。

5)消火栓系统发生故障时的设备操作及处理

当城市轨道交通地下车站消火栓设备发生故障时,设备操作及处理如下:

(1)由于城市轨道交通车站的消火栓系统主管道口径为DN150~200mm,城市轨道交通的地下车站管道内的水压又较高,为0.2~0.4MPa,如果管道损坏发生跑水,将影响城市轨道交通的正常运行,必须先切断水源。

(2)若跑水发生在区间隧道内管道时,必须立即关闭该隧道两端头的消火栓供水阀门,切断水源。查明情况后上报调度员,执行调度员指令。检查人员进入隧道查明跑水原因,关闭跑水点两端供水阀门,打开其余的被关闭阀门。检查管道损坏情况,采用快速堵漏装置或其他方法修复管道,恢复消防供水。

(3)若跑水发生在车站时,则应关闭跑水点两端的阀门,切断水源。必要时切断本车站的消火栓系统管网水源。操作时应关闭以下阀门:①关闭消防泵房内消火栓增压泵的出水口阀门(切断市政自来水管的供水);②关闭车站通向区间隧道内消火栓管道的阀门(切断车站与区间隧道内消火栓管道的水流)。查明跑水原因,关闭跑水点两端阀门,打开其余被关闭阀门,修复管道恢复供水。

由于城市轨道交通地面车站和高架车站各站之间消火栓系统是不联通的,所以处理更加简单,只需切断市政自来水管对车站消防供水即可。

二、防火卷帘门

1.防火卷帘门的作用

防火卷帘门由帘板、座板、导轨、支座、卷轴、箱体、控制箱、卷门机、限位器、门楣、手动速放开关装置、按钮开关和保险装置等组成。防火卷帘门一般安装在不便采用防火墙分隔的部位,如敞开电梯厅、自动扶梯、百货大楼的宽大营业厅、展览楼的展览厅和建筑物中洞口较大不能用防火门窗的部位。防火卷帘门在建筑工程中,使防火分隔得到了广泛的应用。

防火卷帘门

防火卷帘门是现代高层建筑中不可缺少的防火设施,防火卷帘门除具备普通门的作用外,还具有防火、隔烟、抑制火灾蔓延、保护人员疏散的特殊功能,广泛应用于高层建筑、大型商场等人员密集的场合。

2. 防火卷帘门的分类

防火卷帘门主要有复合型钢质防火卷帘门(防火防烟)、无机特级防火卷帘门(双轨双帘)、钢质复合型水喷气雾式防火卷帘门、钢质复合型侧向式防火卷帘门、钢质复合型水平式防火卷帘门、无机特级折叠式防火卷帘门以及带各种帘中门的防火卷帘门。

按材质划分,防火卷帘门可分为钢质、复合和无机防火卷帘门三种。

按安装形式划分,防火卷帘门可分为墙中、墙侧(或称洞内、洞外)防火卷帘门两种。

按开启方向划分,防火卷帘门可分为上卷和侧卷防火卷帘门两种。

防火卷帘门防火性能的分级尚无国家标准,现行《防火卷帘》(GB 14102—2005)对钢质防火卷帘门的耐火性能分级,均未要求耐火试验测背火面温升,也不以背火面温升作为判定耐火时间的条件。近几年市场上出现气雾式钢质防火卷帘门、蒸发式气雾式钢质防火卷帘门等,按《建筑设计防火规范》(GB 50016—2014)要求,当用作防火分区分隔的构件时,必须将背火面温升作为耐火极限的判定条件。为区别以上两种不同判定条件的耐火极限的防火卷帘门的分级,按《门和卷帘的耐火试验方法》(GB/T 7633——2008)规定的要求进行耐火试验,达到背火面温升在各项判定条件的要求,耐火极限大于 3h 的,称为特级防火卷帘门;凡是在耐火试验中不以背火面温升为判定条件的统称普通防火卷帘门。

3. 防火卷帘门的设置与控制

依据工艺,防火卷帘门除设置在防火墙外,在两个防火分区之间没有防火墙的也应设置防火卷帘门。防火卷帘门一般设在以下部位:

(1)封闭疏散楼梯,通向走道,封闭电梯间,通向前室及前室通向走道的门。

(2)电缆井、管道井、排烟道、垃圾道等竖向管道井的检查门。

(3)划分防火分区,控制分区建筑面积所设防火墙和防火隔墙上的门。当建筑物设置防火墙或防火隔墙门有困难时,要用防火卷帘门代替,同时须用水幕保护。

(4)设计特别要求防火、防烟的隔墙分户门。例如,附设在高层民用建筑内的固定灭火装置的设备室(如钢瓶室、泡沫站等),以及通风、空气调节机房等的隔墙门应采用甲级防火卷帘门;经常有人停留或可燃物较多的地下室房间隔墙门,应采用甲级防火卷帘门;因受条件限制,必须在高层建筑内布置燃油、燃气的锅炉,可燃油油浸电力变压器,充有可燃油的高压电容器和开关等专用房间隔墙门,都应采用甲级防火卷帘门。此外,有特殊要求的须防火的分户门,如消防监控指挥中心、档案资料室、贵重物品仓库等的分户门,通常选用甲级或乙级防火卷帘门。高层高级住宅楼的分户门,常采用防火防盗门。

防火卷帘门主要用于大型超市(大卖场)、大型商场、大型专业材料市场、大型展馆、厂房、仓库等有消防要求的公共场所。当发生火灾时,防火卷帘门在消防中央控制系统的控制下,按预先设定的程序自动放下(下行),从而达到阻止火焰向其他范围蔓延的作用,为实施消防灭火争取宝贵的时间。

通常情况下,大型建筑根据《中华人民共和国消防法》的规定配置消防中央控制系统。当发生火灾时,安装在房顶的感烟传感器首先接到烟雾信号,同时向消防中央控制系统报警,消防中央控制系统通过识别后接通火警所在区域的防火卷帘门电源,使火灾区域的防火卷帘按一定的速度下行。当防火卷帘门下行到离地面约1.8m时,停止下行,以利于人员的疏散和撤离。防火卷帘门在中间停留一定时间后,再继续下行,直至关闭。防火卷帘门的下行速度和中间停留时间可在安装时进行调整。

在某些场合,建筑内不配备消防中央控制系统,防火卷帘门仅借助于防火卷帘门的消防控制电器箱实现防火卷帘门的防火规定运行程序。在这种情况下,当发生火灾时,感烟传感器接收的火灾报警信号直接传至防火卷帘门的消防控制电器箱。

在停电的情况下,只能通过拉动铁链将防火卷帘门放下。防火卷帘门配备的手动装置,只能单向放下,不能提升。

防火卷帘门的制作要求较高,即要求整个系统能经受一定时间的1100℃左右的高温考验。耐火时间是防火卷帘门的主要指标。钢质防火卷帘门通用技术条件中对耐火时间规定了四个防火等级。

4. 防火卷帘门的安装要求和使用说明

1) 安装要求

(1) 安装防火卷帘门的洞口上部不得设有通风管、水管等。

(2) 电源线路(三相五线和消防中控信号线)铺设到卷门机旁的电气控制箱边。

(3) 防火卷帘门安装好后,再安装吊顶,吊顶边缘应离帘板50mm,以免摩擦;调试及使用时,严禁防火卷帘门底部站人。

(4) 电气设施不得擅自拆搬。

(5) 根据消防安全管理规定,防火卷帘门为消防专用设施,不得挪作他用;防火卷帘门正下方不得堆放任何物品。

(6) 安装调试后,每季度启动一次,以检查电器、机械性能,检查时注意操作安全。

2) 功能要求

(1) 内部采用集成总线,数据传输可靠、迅速。

(2) 具有相序自动检测、纠正及缺相保护功能。

(3) 主电源备用电源可自动切换(带备电)。

(4) 具有丰富的预留接口,可与消防控制中心联动。

(5) 全电子学习记忆限位,绝对精确,无论上限还是下限其定位不变。

(6) 采用先进微电脑处理器技术,稳定可靠,高度范围没有上限。

(7) 具有烟感、温感信号同步检测和分步检测功能。

(8) 运行参数的设置简单、方便、准确。

(9) 具有手动优先逃生功能。

(10) 在三相电或主电有故障时,控制器可通过速放装置使卷帘自动下降从而起到关闭卷帘的作用。

3) 使用说明

钢质防火卷帘门是公共场所防火分区和防火隔断的重要消防设施。它是机械与电气综合性能的消防产品,因此安装好的防火卷帘门应始终处于正常状态。钢质防火卷帘门在使用过程中,应由专人使用和保管,该人员应具有一定的电工及机械基础知识。

在使用过程中,操作人员不得擅自离开操作地点,应密切注意防火卷帘门启闭情况和执行情况,在启闭时防火卷帘门下面不准有人站立、走动;防止行程开关失灵,防火卷帘门卡死,电机受阻和其他事故发生。防火分区和防火隔断的钢质防火卷帘门平时不做频繁使用,一旦区域发生火情,卷帘应有效地投入使用。带有联动控制、中央控制中心控制的自动控制防火卷帘门必须根据一套控制指令程序进行。

防火卷帘门使用过程中一旦发现异常情况,应立即采取紧急措施,切断输入电源,排除故障。应建立防火卷帘门定期保养制度,并做好每樘卷帘的保养记录工作,备案存档。长期不启闭的防火卷帘门每半年必须保养一次,保养内容为消除灰尘、涂刷油漆、对传动部分的链轮滚子链加润滑油等,检查电气线路和电气设备是否损坏,运转是否正常,是否符合各项指令,如有损坏和不符合要求应立即检修。

防火卷帘门是在钢质防火卷帘门的基础上,将传动部件加以改造,配以防火电气等设备,从而实现防火功能。防火电机由防火电控箱控制,通过变速装置驱动卷轴使卷帘门启闭,停电时也可使用防火电机上的手动摇柄,实现手动操作。在机械相对运动处,采用联轴器代替链轮传动。防火卷帘门最适用于使用或保管可燃性气体、挥发性化学药品等具有高发火性物品的工厂和仓库等易出现或可能出现爆炸的环境。

5. 防火卷帘门选购要点

选择防火卷帘门时最重要的因素是防火卷帘门的耐火极限。防火卷帘门耐火极限的测试方法有两种:一是按照现行《门和卷帘的耐火试验方法》(GB/T 7633)规定进行耐火试验,包括背火面温升在内的各项判定条件;二是根据现行《防火卷帘》(GB 14102)规定的要求,只以距背火面一定距离的辐射热强度和帘面是否穿火来判定卷帘耐火极限。不将背火面温升作为耐火极限判定条件的非隔热防火卷帘门所得的耐火极限数据,远比将背火面温升作为耐火极限判定条件的隔热型防火卷帘门的耐火极限要长得多。

普通防火卷帘门不以背火面温升为判定条件,耐火极限不低于3h,能达到隔热防火分隔的要求;特级防火卷帘门以背火面温升为判定条件,耐火极限不低于3h,具有隔热功能,能达到防火分区分隔的要求。由于普通防火卷帘门的隔火作用达不到防火分区分隔的要求,若采用这种防火卷帘门,应在卷帘两侧设独立的闭式自动喷水灭火系统或水幕保护。防火卷帘门生产厂家众多,有的厂家提供的普通防火卷帘门耐火极限可达3~4h。根据厂家提供的数据及国家有关部门检测报告,一些设计者由于不清楚防火卷帘门的测试方法,误以为防火卷帘门耐火极限达3~4h就可不设保护设施而直接设在防火分区上。

6. 防火卷帘门在消防验收过程中常遇到的问题

(1)帘板涂层脱落、锈蚀,帘板有明显的压坑、凹凸、穿透性孔洞。防火卷帘门是一个完整的消防产品,如果帘板出现问题会直接影响防火卷帘门的耐火极限指标。

(2)导轨变形等帘板卡住或降落不平滑。防火卷帘门一般都是沿着导轨移动的,如果导轨出现扭曲或断裂,会导致防火卷帘门无法移动到指定的位置,从而达不到防火分隔的效果。

(3)卷帘上、下限位失灵或限位线错接。这种情况经常出现在中庭的防火卷帘门上。由于中庭的防火卷帘门有时候会装在上一层走道外,这就造成卷帘下无楼板与其闭合,露出一条很大的缝隙,上下层的防火分隔就无法达到。

(4)操作不动作、按钮触头烧坏、线路不通、帘板只上不下或只下不上、相位错接、上下颠倒。部分防火卷帘门是设置在普通走道或疏散走道上的,而人员需要通过走道疏散,这就势必需要一个装置来手动控制其动作,如果装置损坏会带来不必要的伤亡和损失。

(5)防火卷帘门上方或两侧未完全封堵或封堵材料的耐火极限不符合要求。这个问题在消防验收过程中经常出现。一般施工单位或卷帘门厂家都是将防火卷帘门安装在防火墙开口处并调试好,防火卷帘门电动机上方或防火卷帘门两侧和导轨之间都未进行封堵,这样会造成灼热的烟气通过分隔不到位的电动机上方、防火卷帘门两侧的缝隙和导轨,串到下一防火分区,从而导致火灾蔓延。

(6)不锈钢卷帘等未经国家检验机构检测。部分单位由于对消防产品知识不了解,认为只要是钢质卷帘门都可以达到防火分隔的效果,殊不知防火卷帘门具有防火、防烟和隔热的功能,普通卷帘门在火灾发生时,要么融化,要么无法隔热防烟。

(7)防火卷帘门的升降速度不符合要求。国家规范要求防火卷帘门的平均升降速度为3m/min。在消防验收过程中有时候会出现火灾情况已经确认,消防联动已经开始,可是防火卷帘门下降速度过于缓慢,整个过程持续时间长,灼热的烟气早已串至另一防火分区,使得防火卷帘门的防火分隔功能无法真正得到发挥。

(8)业主自行改装防火卷帘门。有的高档场所一味地追求富丽堂皇,因防火卷帘门不美观,而对防火卷帘门进行改装。比如,在底板下加装装饰物,导致防火卷帘门无法下降到地面;由于空间不够,将双轨双帘无机复合防火卷帘门导轨之间的距离压缩,导致产品原先的耐火极限要求无法达到等。这些看起来是小改动,但都将防火卷帘门的防火分隔效果降低了。

(9)未设自重下落装置或装置不便操作。防火卷帘门具备消防联动电动控制下降、手动电动控制下降、铁链手动拉动下降和自重下落装置四种下降方式。有的单位施工时偷工减料,不安装这些装置。

(10)自重关闭机构失灵,防火卷帘门停不住或不具有恒速性能。现在很多安装防火卷帘门的单位只将自重关闭机构装好,而不进行测试。在消防验收的时候,经常会出现自重关闭机构启动,但防火卷帘门不下降的情况。

(11)疏散通道、出口上的防火卷帘门两侧未设控制按钮,无中位延时功能,仅由感烟探测器联动降落,这些情况在消防验收时也经常出现。究其原因,都是施工时偷工减料造成的。

(12)防火卷帘门仅由一侧探测器联动或由跨越防火卷帘门的一组探测器联动。在调试防火卷帘门的时候,经常会出现差错,将防火卷帘门的联动逻辑程序编写错误,造成防火卷帘门无法按照规范要求启动。

(13)防火卷帘门未使用消防电源。部分单位在安装防火卷帘门的时候,误将普通照明电源接至防火卷帘门电源箱内,造成消防联动开始而防火卷帘门的电源被切断,防火卷帘门无法下降。

(14)防火卷帘门电源控制线穿管不符合要求,导线外露或仅套黄蜡管等,明敷金属管未按要求采取防火保护措施。按照国家规范要求,明敷的消防管线都应套金属管并在金属管外刷防火涂料,部分安装单位经常遗忘或者省略这个环节。

(15)地下室通风不良,双轨双帘无机复合防火卷帘门无机布表面破损严重。地下车库由于通风排水不到位,造成地下室湿气过大,防火卷帘门在这种条件下就会出现无机布表面被腐蚀进而破损。防火卷帘门的完整性被破坏,无法达到防火分隔的效果。

综上所述,针对防火卷帘门在安装调试过程中存在的问题,安装调试单位应予以重视,严格按照技术标准调试正常,真正使其起到防火分隔作用。

三、灭火器

灭火器是一种轻便的灭火器材,是扑救初期火灾最常用的灭火设备。灭火器的种类较多,在城市轨道交通范围内使用的主要有干粉灭火器、二氧化碳灭火器、泡沫灭火器和清水灭火器四种。

灭火器

1. 干粉灭火器

干粉灭火器是以高压二氧化碳或高压氮气为驱动压力,将干粉从喷嘴内喷出,形成一股雾状粉流,射向燃烧物质灭火。干粉灭火器是使用最普遍的灭火器。干粉灭火器有两种类型:一种是碳酸氢钠干粉灭火器,又叫作BC类干粉灭火器,可用于扑灭液体、气体火灾;另一种是磷酸铵盐干粉灭火器,又叫作ABC类干粉灭火器,可用于扑灭固体、液体、气体火灾,应用范围较广。干粉灭火器主要由压把、提把、刺针、密封膜片、二氧化碳钢瓶、出粉管、筒体、喷粉管、固定夹箍、喷粉管(带提环)、喷嘴等组成。

手提式干粉灭火器的型号主要有MF1、MF2、MF3、MF4、MF5、MF6、MF8、MF10等,主要用于扑救固体火灾(A类)、液体火灾(B类)、气体火灾(C类)和电气火灾。常见的手提式干粉灭火器如图2-14所示。

图2-14 常见的手提式干粉灭火器

干粉灭火器的灭火原理:干粉灭火剂是由灭火剂(如小苏打、磷酸的铵盐等)、适量润滑剂(如硬脂酸镁、云母粉、滑石粉等)、少量防潮剂(硅胶)经干燥、粉碎、混合后共同研磨制成的细小颗粒组成以二氧化碳为喷射动力。喷射出来的粉末,浓度密集,颗粒微细,盖在固体燃烧物上能够构成阻碍燃烧的隔离层,同时析出不可燃气体,使空气中的氧气浓度降低,当氧浓度低于15%时,不能维持燃烧,最终火焰熄灭,实现灭火。干粉灭火剂的雾状粉流与火焰接触、混合时,发生一系列物理作用和化学作用(干粉喷入燃烧区参与燃烧反应,而使燃烧反应停止),对有焰燃烧及表面燃烧进行灭火。同时,干粉灭火剂可以降低残存火焰对燃烧表面的热辐射,并能吸收火焰的部分热量。灭火时分解产生的二氧化碳、水蒸气等对燃烧区内的氧浓度又有稀释作用。

2. 二氧化碳灭火器

二氧化碳灭火器主要适用于扑救液体、气体、电气设备的初期火灾,如带电的电路、贵重设备、图书资料等。二氧化碳灭火器的型号有MT2、MT3、MT4、MT5、MT7五种。按开关方式,二氧化碳灭火器可分为手轮式和鸭嘴式两种。

二氧化碳灭火器结构特点:二氧化碳灭火器的筒体采用优质合金钢经特殊工艺加工而成,

质量比碳钢减少了40%；操作方便，安全可靠，易于保存，轻便美观。二氧化碳灭火器如图2-15所示。

二氧化碳灭火器主要由钢瓶、启闭阀、喷筒、虹吸管等组成。其中，钢瓶由无缝钢管经热旋压收底、收口制成，且有较高的耐压强度，用来灌装二氧化碳灭火剂。钢瓶的水压试验有22.5MPa和25MPa两种。启闭阀采用钢锻制，具有良好的密封性，通过手轮的转动控制开闭；其下有一根钢制或尼龙材料制成的虹吸管直通钢瓶底部。喷筒为喇叭形状，由一根钢管与启闭阀出入口相连。为了确保安全，当钢瓶内部二氧化碳灭火剂蒸气压力达到17MPa以上时，启闭阀一侧的安全膜片会自行爆破，释放二氧化碳气体。

灭火原理：二氧化碳灭火器瓶体内储存液态二氧化碳，工作时，当压下瓶阀的压把时，内部的二氧化碳灭火剂便由虹吸管经过瓶阀至喷筒喷出，覆盖在燃烧物上，使燃烧区域中氧气的浓度迅速降低；当二氧化碳浓度降低到一定值时，火焰因缺氧窒息而熄灭。同时，由于液态二氧化碳能迅速气化，在很短的时间内吸收燃烧区内大量的热量，对燃烧物起到一定的冷却作用，有助于灭火。

图2-15 二氧化碳灭火器

3. 泡沫灭火器

1）泡沫灭火器的构造

按照构造划分，泡沫灭火器一般分为机械泡沫灭火器和合成泡沫灭火器两种。常见的手提式泡沫灭火器由筒体、筒盖、瓶胆、瓶夹及喷嘴等部件组成，如图2-16所示。

图2-16 手提式泡沫灭火器

筒体是充装灭火剂的容器，使用时要承受一定的工作压力。筒体一般采用1.2~1.5mm厚的钢板焊接而成，其设计压力为1.5~2.0MPa，水压试验压力为2.3~3.0MPa。

筒盖是封闭筒体的盖子，一般采用2.5mm钢板或铝合金材料制成。为增强密封性能，筒体与筒盖之间有密封垫圈。

瓶胆，也称内胆，是充装硫酸铝溶液的容器。瓶胆一般采用耐热玻璃或耐酸的工程塑料制成，用瓶夹固定，悬挂在筒体的正中间偏上方处。

喷嘴安装在筒盖的前侧，结构较简单，用金属或工程塑料制造，喷嘴的根部装有过滤网罩，以防止杂质堵塞喷嘴，影响喷射功能。

按照充装的灭火剂不同划分，泡沫灭火器又可分为空气泡沫灭火器和化学泡沫灭火器。

空气泡沫灭火剂是指以动物蛋白质或植物蛋白质的水解浓缩液为基料，并含有适当的稳定、防腐、防冻等添加剂的起泡性液体，又叫作泡沫液。空气泡沫灭火剂自身不能灭火，它是通过与水混合形成混合液，再吸入空气产生泡沫来灭火。空气泡沫灭火器的灭火原理就是将空气泡沫灭火剂与水按比例混合，通过喷嘴，将产生的泡沫按一定的形式喷出，以覆盖或淹没燃烧物，对燃烧物起到窒息、冷却和隔离作用，实现灭火。

化学泡沫灭火器内部充装有酸性（硫酸铝）和碱性（碳酸氢钠）两种化学药剂的水溶液。使用时，通过筒体内酸性溶液与碱性溶液混合发生化学反应生成灭火泡沫，并在压力的作用下压出喷嘴进行灭火。

2）泡沫灭火器的灭火原理

（1）冷却作用。冷却作用是泡沫灭火的重要作用。当泡沫被喷洒到燃烧着的物品表面时，由于物品表面的热作用，泡沫中的水被汽化，从而吸收了所接触部分的物品表面的热量。随着泡沫的连续施加，在被冷却的物品表面形成了一个泡沫层，泡沫层逐渐扩大并最终将整个表面覆盖。当泡沫层的厚度增加到一定程度，并且物品表面被冷却到所产生的蒸气不足以维持燃烧时，火被熄灭。

（2）窒息作用。泡沫灭火器的窒息作用主要表现在可以降低物品表面附近的氧气浓度，直到使物品与大气中的氧气完全隔开。从泡沫刚刚施加到物品表面时，这一作用就开始了。泡沫受到热的物品表面的作用以及火焰的热辐射作用，其中的水分子在物品表面汽化，所产生的蒸气使物品表面附近的氧气浓度降低，削弱了火焰的燃烧强度，这有助于泡沫在物品表面的积累和泡沫层加厚。当泡沫层的厚度增加到足够厚时，抑制了燃烧，并把物品与空气完全隔离开来。

（3）遮断作用。在使用泡沫灭火器灭火过程中，泡沫使已被覆盖的物品表面与尚未被覆盖的物品表面的火焰隔离开来，以防止火焰与已被泡沫覆盖的物品表面直接接触，遮断火焰对这部分物品表面的热辐射，这既有助于泡沫冷却作用的发挥，又有助于泡沫窒息作用的加强。

（4）淹没作用。淹没作用是高倍数泡沫灭火的重要原因，通过泡沫将被保护对象淹没，使淹没空间缺氧，不能维持继续燃烧，最终实现灭火。

3）泡沫灭火器的使用方法

泡沫灭火器可用于扑灭固体、液体火灾，但不能用于扑灭带电火灾。

泡沫灭火器的使用方法如下：离火点 3~4 m 时，撕去泡沫灭火器上的封记，拔出保险销，一只手握紧喷嘴，对准火源，另一只手的大拇指将压把按下，泡沫即可喷出，此时迅速摇摆喷嘴，使泡沫横扫整个火区，由近而远，将火扑灭。

4）泡沫灭火器的使用注意事项

（1）普通泡沫灭火器不可用于扑灭带电设备的火灾，否则将威胁人身安全。

（2）若使用雾化喷嘴或断续喷嘴，则可使水雾间有空气绝缘，可扑救 1000V 以下带电火灾。

4. 清水灭火器

清水灭火器内部充装的灭火剂是清洁的水，为了提高灭火性能，在清水中加入适量添加剂，如抗冻剂、润湿剂、增黏剂等。清水灭火器采用储气瓶加压方式，加压气体为液化二氧化碳。清水灭火器只有手提式，没有推车式。常见的清水灭火器如图 2-17 所示。

1）清水灭火器的构造

清水灭火器主要由筒体、筒盖、二氧化碳储气瓶、喷射系统和开启机构等部件组成。

（1）筒体。筒体是存放灭火剂的容器。它由筒身、连接螺圈和底圈三部分组成。其中，连接螺圈是灭火器筒体与筒盖互相连接的零件。

图 2-17　清水灭火器

（2）筒盖。筒盖，也称器头，是使筒体密封的盖子，通过连接螺圈与筒体互相连接。筒盖上装有二氧化碳储气瓶开启机构、提圈等部件。

（3）二氧化碳储气瓶。二氧化碳储气瓶是用来储存液化二氧化碳的容器，是清水灭火器的动力源，采用无缝钢管，经加热、旋压收口制成。储气瓶一般采用密封膜。密封膜片依靠储气瓶上部的螺母紧压在密封口上。为了保证储气瓶的安全，密封膜片同时设计成一个超压安全保护装置。当储气瓶压力升高到 20～25MPa 时，密封膜片会自动破裂，泄放出二氧化碳气体。一般情况下密封膜片不会破裂，从而保证容器的安全。

（4）喷射系统。喷射系统是灭火剂从筒体向外喷射的通道，由虹吸管和喷嘴组成。虹吸管由塑料制成，底部装有过滤网，上部装有水位标志。喷嘴一般制成圆柱状或圆锥形，喷出柱状水流（集束射流），俗称直流喷嘴。根据需要，喷嘴也可制成喷雾喷嘴或开花喷嘴，以开花射流、喷雾射流形态喷出。

（5）开启机构。开启机构由穿刺钢针、限位弹簧、开启杆、保险销等零件组成。穿刺钢针用于刺破储气瓶上的密封膜片。限位弹簧是保证在平时未使用时，使穿刺钢针与密封膜片之间保持一定的间隙，以免碰坏密封膜片而造成误喷射。开启杆是使用者开启灭火器时用手掌拍击的零件。

2）清水灭火器的灭火原理

清水灭火器中的灭火剂为清水。水在常温下具有较低的黏度、较高的热稳定性、较大的密度和较强的表面张力。水是一种使用范围广泛的天然灭火剂，在日常生活中易于获取和储存。清水灭火器依靠水的冷却作用和窒息作用进行灭火。水具有较大的比热容和很高的汽化潜热，从常温加热至沸点并完全蒸发汽化，每升水可以获得 2593.4kJ 的热量，水利用自身吸收显热和潜热的能力，其冷却灭火作用是其他灭火剂无法比拟的。此外，水汽化后形成的水蒸气是一种惰性气体，水蒸气与水相比体积将膨胀 1700 倍左右。用水灭火时，水汽化产生的水蒸气占据燃烧区内的空间、稀释燃烧物周围空气中的氧含量，阻碍新鲜空气进入燃烧区，使燃烧区内空气中的氧气浓度大大降低（当空气中水蒸气浓度高于 35% 以上时，燃烧即停止），从而达到窒息灭火的目的。当水呈喷淋雾形状时，形成的水滴和雾滴的表面积，将增强水与火之间的热交换作用，从而强化了其冷却作用和窒息作用。另外，对一些易溶于水的可燃、易燃液体起到稀释作用，采用强射流产生的水雾能使可燃、易燃液体产生乳化作用，使液体表面迅速冷却、可燃蒸气汽化速度下降，进而达到灭火的目的。

5. 灭火器的选择和操作

1）灭火器的选择

（1）清水灭火器以一定压力的二氧化碳或氮气为动力源，将清水喷射到燃烧物上，以达到灭火的目的。清水灭火器适用于扑灭可燃固体物质的火灾，即 A 类火灾。

（2）泡沫灭火器适用于扑救 B 类（液体）火灾，如石油制品、油脂类引起的火灾，包括汽油、煤油、柴油、苯、甲苯、二甲苯、植物油、动物油脂等的初期火灾；适用于 A 类（固体）火灾，如木材、竹器、棉麻织物、纸张等的初期火灾；不能扑救 B 类火灾中的水溶性可燃、易燃液体火灾，如醇、酮、醚、酯等物质火灾；不适用扑救带电设备及 C 类（气体）和 D 类（金属）火灾。

（3）干粉灭火器适用于居民家庭、企事业单位、船舶、油库及公共建筑等场所扑救初期火灾。其中，碳酸氢钠干粉灭火器适用于扑救油类、易燃液体、可燃气体和电子设备的初期火灾。

磷酸铵盐干粉灭火器除适用于扑救易燃、可燃液体、气体及带电设备火灾外,还可以扑救固体类物质的初期火灾,但不能扑救轻金属燃烧的火灾。

(4)由于二氧化碳灭火剂具有不燃烧、不助燃、不导电、灭火不留痕迹等特点,二氧化碳灭火器适用于扑救一些易被灭火剂污染而失去使用价值的物品火灾,如600V以下的带电电器、贵重设备、图书资料、仪器仪表等场所的初期火灾,以及一般可燃液体的火灾。

2)灭火器的操作

(1)清水灭火器的操作

将清水灭火器提至火场,使用者选择火场上风方向,在距离着火物5～6m处,将清水灭火器直立放稳,拔出保险销,一只手紧握喷射软管前的喷嘴并对准燃烧物,另一只手握住提把并用力压下,清水在二氧化碳气体压力的作用下从喷嘴中喷出。灭火时,随着有效喷射距离的缩短,使用者应逐步向燃烧物靠近,使水流始终喷射在燃烧物火焰根部,直至将火扑灭。在使用过程中,切忌将清水灭火器颠倒或横卧,否则不能喷射。

(2)泡沫灭火器的操作

①手提式泡沫灭火器的操作。

使用手提式泡沫灭火器时,通过手提筒体上部的提环,将泡沫灭火器提至火场,在距燃烧点6m左右的地方,拔出保险销,一只手握住喷射软管前端的喷嘴并对准燃烧物,另一只手握住提把并用力压下,用穿刺钢针刺穿储气瓶密封膜片,二氧化碳气体在压力下从喷嘴喷出,与空气混合产生泡沫液,覆盖燃烧物灭火。

使用手提式泡沫灭火器的注意事项如下:

a.在室外使用时,应选择在上风方向喷射。

b.在扑救可燃液体火灾时,若已呈流淌状燃烧,则由近而远喷射,使泡沫完全覆盖在燃烧液面上。

c.若在容器内燃烧,则应将泡沫射向容器的内壁,使泡沫液沿着内壁流淌,逐步覆盖着火液面,切忌直接对准液面喷射,以免由于射流的冲击,将燃烧的液体冲散或冲出容器,扩大燃烧范围。

d.在扑救固体物质火灾时,应将射流对准燃烧最猛烈处喷射。

e.灭火时,随着有效距离的缩短,使用者应逐渐向燃烧区靠近,并始终将泡沫喷射在燃烧物上,直至火焰熄灭。使用灭火器时应注意,不得使灭火器过分倾斜,更不能横拿或颠倒使用,以免两种药剂混合,中断喷射。

②推车式泡沫灭火器的操作。

使用推车式泡沫灭火器时,一般由两人操作,先将灭火器迅速推到火场,在距着火点10m左右停下,由一人施放喷射软管后,双手紧握喷枪并对准燃烧处,另一人逆时针方向转动手轮,将螺杆开启到最高位置,然后将筒体向后倾倒,并将出口阀门手柄旋转90°,即可进行灭火。

由于推车式泡沫灭火器的容量大、喷射距离远,连续喷射的时间长,可用于扑救较大面积的储槽或油罐车等的初期火灾。

(3)干粉灭火器的操作

使用手提式干粉灭火器时,应手抓灭火器的提把,在距离起火点5m左右处,将灭火器直立放稳。在室外使用时,注意选择火场上风方向。使用前先将灭火器上下颠倒几次,使筒内干粉松动。使用时,应先拔出保险销,如有喷射软管,需一只手握住其喷嘴(若没有喷射软管,可扶住灭火器的底圈),另一只手提起灭火器并用力按下压把,干粉便会从喷嘴喷射出来。在喷射过程中应始终保持干粉灭火器呈直立状态,不能横卧或颠倒使用,否则不能喷出干粉。

使用干粉灭火器扑救可燃、易燃液体火灾时,应对准火焰根部扫射。如果被扑救的液体火灾呈流淌燃烧时,应对准火焰根部由近而远、左右扫射,直至将火焰全部扑灭。在扑救容器类可燃液体火灾时,不能将喷嘴直接对准液面喷射,防止射流的冲击力使可燃液体溅出而扩大火势,造成灭火困难。

使用干粉灭火器扑救固体可燃物火灾时,应对准燃烧最猛烈处喷射,并上下、左右扫射。如果条件许可,操作者可提着灭火器沿燃烧物的四周边走边喷,使干粉灭火剂均匀地喷洒在燃烧物的表面,直至将火焰全部扑灭。

(4)二氧化碳灭火器的操作

使用二氧化碳灭火器时,可手提或肩扛灭火器迅速赶到火灾现场,在距离燃烧物5m处,使用者一只手扳转喷射弯管,有喷射软管的应握住喷筒根部的手柄,并将喷筒对准火源,另一只手提起灭火器并压下压把,液态的二氧化碳在高压作用下立即喷出且迅速气化。在灭火时,要连续喷射,防止余烬复燃,喷射过程中不能将灭火器颠倒使用。

使用二氧化碳灭火器的注意事项如下:

①灭火器在使用过程中,应保持直立状态,切不可平放或颠倒。

②当没有防护手套保护时,不可用手直接握住喷筒,以防冻伤。

③在室外使用二氧化碳灭火器时,应选择在上风方向喷射;若在室外大风条件下使用,因喷射的二氧化碳气体被风吹散,灭火效果会很差。

④在狭小的室内空间使用二氧化碳灭火器时,灭火后操作者应迅速撤离,以防窒息而发生意外。

⑤用二氧化碳灭火器扑救室内火灾后,应先打开门窗通风,然后人再进入,以防窒息。

6.灭火器的使用范围

随着城市轨道交通的迅速发展,灾害问题越来越引起人们的重视。在城市轨道交通系统发生的灾害中,火灾所占的比例最高,约30%,灾害性也较严重。因此,在城市轨道交通的建设与运营过程中,火灾是不容忽视的问题。

当发生火灾时,城市轨道交通工作人员一定要沉着冷静地采取正确的应急措施,有效地扑灭初期火灾或尽最大努力减少财产损失和人员伤亡。

引起城市轨道交通火灾的原因不同,火势蔓延的速度不同,火灾表现的形式也不相同,但共同的特点是火灾具有潜在性、突发性和随机性。火灾对乘客心理造成很大的负面影响,直接关系城市轨道交通事故的严重程度。

(1)电气设备故障引起的火灾

由隧道区间或车站内的电气设备发生故障而引起火灾,主要是由电线短路起火、电气开关发生打火、接触导线保养不良产生闪弧、电缆超负荷供电产生电火、电缆敷设使用不当等原因引起的。使用二氧化碳灭火器,可以扑灭电气设备故障引起的初期火灾。

(2)列车故障或其他设备故障引起的火灾

由于列车电网电气系统故障产生电弧或火花,电力电路短路,导致列车起火,使用二氧化碳灭火器、干粉灭火器可以扑灭列车故障或其他设备故障引起的初期火灾。

(3)车站火灾

车站火灾主要发生在各种设备用房、管理用房内以及车站内放置的垃圾箱、广告牌等处。当发生车站火灾时,工作人员可从灭火器箱中取出干粉灭火器扑灭初期火灾。

7. 常见火灾处置

火灾是指在时间上或空间上失去控制的燃烧所造成的灾害。火灾的发展变化一般经历初起、成长、猛烈、衰退四个阶段。其中,初起阶段易于控制和消灭,是扑灭火灾的最佳阶段。火灾发生后,除立即报警外,还应因地制宜地采取多种扑救措施。

(1)移走可燃物。快速将燃烧处附近的可燃物移往安全地带,阻止火势蔓延。

(2)加强冷却。使用水或灭火器进行灭火。

(3)窒息灭火。利用浸湿的毯子、棉被、麻袋等或用沙土覆盖燃烧物。

(4)切断电源。发生火灾后,火势将威胁到电气线路、电气设备的安全,在准备使用灭火器灭火时,应先切断电源,然后再灭火。

8. 灭火器的运行管理

加强灭火器运行管理的目的是规范灭火器的日常管理、使用与维护的程序,确保发生火灾时,灭火器能有效地发挥灭火作用,及时将火灾扑灭于初起阶段,保证城市轨道交通工作人员和乘客的安全,使损失降到最低。

1)灭火器的配置

灭火器的配置要严格按照消防设计图纸,城市轨道交通各使用单位不得随意更改灭火器的配置位置或减少灭火器数量,改变灭火器的类型。

(1)灭火器类型的配置

灭火器类型的配置要根据城市轨道交通各配置场所的火灾类别和危险等级配置,如果用途变更,需重新进行规划设计。

(2)灭火器设置点的要求

①灭火器应设置在明显的、便于城市轨道交通工作人员取用的地点,同时不得影响人员安全疏散,对有视线障碍的灭火器设置点,应设置指示其位置的发光标志。

②灭火器设置点应便于城市轨道交通工作人员对灭火器进行保养、维护及清洁。

③灭火器设置点应便于灭火器稳固安放。

④灭火器的设置点环境不得对灭火器产生不良影响。

(3)灭火器摆放的要求

①灭火器摆放于灭火器箱内或设置在挂钩、托架上,面向外,摆放稳固,前方净空并予以标示,外观清楚,无灰尘,灭火器上方须用标志牌标示。

②灭火器的顶部离地面高度小于1.5m,底部离地面高度不宜小于0.08m。

③灭火器箱不得上锁。

2）灭火器检查

（1）城市轨道交通各使用单位每月要对灭火器进行一次检查，检查内容包括灭火器压力表的外表面没有变形、损伤，指针指向绿色区域；喷嘴完好、无变形、无开裂、无损伤；喷射软管保持畅通、无变形、无损伤、无堵塞。

（2）安全插销和铅封保持完好，无变形，保险绳扣无断裂。

（3）灭火器筒体完好，没有锈蚀、变形现象；灭火器压把、阀体等金属件没有严重损伤、变形、锈蚀等影响使用的缺陷。

（4）喷筒等橡胶、塑料件无变形、变色、老化或断裂等现象。

3）灭火器报废

（1）无论是使用过还是未经使用过的灭火器，从生产日期（每具灭火器的筒体上都有生产日期）算起，不应超过规定的使用年限。

（2）灭火器有下列情况之一，必须报废：使用部门按批次拟签呈核准后报废；灭火器无论是使用过还是未经使用过，达到报废年限的必须报废。灭火器报废年限规定如下：

①手提式化学泡沫灭火器5年。

②手提式储压干粉灭火器10年。

③手提式干粉灭火器8年。

④手提式二氧化碳灭火器12年。

（3）维修中，筒体经水压试验不合格的灭火器也必须报废。

（4）灭火器已经使用，虽未达到规定报废年限，但外观检查发现有磕碰，焊缝外观不符合质量规定要求，也应该进行水压试验，经试验不合格的必须报废，不允许补焊。

（5）筒体严重变形，筒体严重锈蚀（漆皮大面积脱落，锈蚀面积大于、等于筒体总面积的三分之一者），连接部位、筒底严重锈蚀的，必须报废。

（6）没有生产厂家名称和出厂年月的必须报废。

（7）公安消防部门明令禁止销售和维修的必须报废的灭火器，不能使用。

四、火灾应急广播

FAS不单独设置消防广播，而是与公共广播系统合用。当发生火灾时，在防灾指挥中心将广播系统强制转入消防广播模式。

当FAS确认发生火灾后，可自动切断背景音乐广播，也可由工作人员在消防值班室控制柜上手动控制，接通着火层及其上下层的扬声器进行紧急广播，指导楼内人员疏散。

应急广播分为人工广播和自动播放两种。当发生火灾时，火灾探测器自动操作或是手动操作按钮报警，消防控制室接警，广播控制器接受联动信号，按照程序选定播放广播楼层及发生火灾地点，自动播放火警信息，同时启动声、光报警设备进行报警提示。

课后习题

一、填空题

1．消防栓设备由_____、_____和_____组成。

2．室外消火栓距消防水泵接合器的距离，不宜小于_____m，也不宜大于_____m。

3. 城市轨道交通消火栓系统中,消防供水压力大于_____ MPa。配有稳压泵的系统,其稳定水压大于_____ MPa。

4. 灭火器种类较多,在城市轨道交通范围内使用的主要有_____、_____、_____和清水灭火器四种。

5. 干粉灭火器是以高压_____或_____为驱动压力,将干粉从喷嘴内喷出,形成一股雾状粉流,射向燃烧物质灭火。

二、选择题

1. 干式消火栓系统的充水时间不应大于(　　)。
　　A. 3min　　　　B. 4min　　　　C. 6min　　　　D. 10min

2. 防火卷帘门是一种适用于建筑物较大洞口处的(　　)设施。
　　A. 防火　　　　B. 隔热　　　　C. 防火、隔热　　　　D. 防水

3. 特殊防火卷帘门是以背火面温升为判定条件,耐火极限不低于(　　)时,能达到隔热防火分隔的要求。
　　A. 3h　　　　B. 3.5h　　　　C. 4h　　　　D. 4.5h

4. 清水灭火器适用于扑灭可燃固体物质的火灾,即(　　)火灾。
　　A. A类　　　　B. B类　　　　C. C类　　　　D. D类

5. 在灭火器报废年限规定中,手提干粉灭火器的报废年限是(　　)。
　　A. 5年　　　　B. 8年　　　　C. 10年　　　　D. 12年

三、简答题

1. 简述消火栓箱水枪的使用。
2. 简述地下消火栓的组成。
3. 简述消火栓系统设备日检项目有哪些。
4. 简述泡沫灭火器的组成部件。

四、论述题

1. 论述防火卷帘门的组成及安装要求。
2. 论述泡沫灭火器的构造。

学习任务四　城市轨道交通消防系统运行与维护

课前思考

我国大量的生产安全伤亡事故主要发生在矿山开采、危险化学品生产、建筑施工、交通运输等行业,以及以中小企业为主的制造与加工等行业。酿成事故的一个重要原因,是一些从业人员的安全意识淡薄,既缺乏基本的安全法律法规常识与安全知识,又缺乏必要的应急避险能力。在城市轨道交通运营过程中,安全运营的标准要求更高,消防设备及系统的运行与维护管理人员应由经过专门培训并经过考试合格的专人负责;系统具备完善的工程资料并经消防监督部门检测验收合格,建立完善的FAS技术档案,制定严格的系统管理制度,并定期检查制度

的落实情况;值班室必须由接受过培训的有证人员值班,发现问题应及时报告本单位负责人,出现重大问题应及时报告当地消防监督机构。

 必备知识

一、城市轨道交通消防系统的组成

随着城市轨道交通的不断兴建,其运营管理和设计规范不断完善,以及火灾事故经验教训的不断积累和总结,城市轨道交通的消防设计已经越来越体现出性能化防火的设计理念。城市轨道交通消防系统设计的主要内容包括防火防烟分区、防排烟系统、防灾报警和设备监控系统、安全疏散和结构耐火设计、消火栓灭火系统、电气防火系统、气体灭火系统、自动喷水灭火系统和灭火器设施等方面。涉及消防的系统有火灾报警系统、消火栓系统、自动灭火系统、卷帘门控制、防排烟系统、火灾应急广播、其他消防设备。下面我们简要总结一下火灾报警系统、消火栓系统、自动喷水灭火系统、水喷雾自动灭火系统和 SHT-2000 灭火系统等。

1. 火灾报警系统

火灾报警系统(Fire Alarm System,FAS)作为地铁的安全保障系统,对地铁车站、区间隧道、车辆段、控制中心等与地铁运营有关建筑物和设施的火灾进行监视及报警,用于尽早发现灾情并发出指令,启动或关闭相关联动设备进行救灾,同时通过广播及视频监视系统组织人员安全疏散,避免或减少火灾造成的人员伤亡和财产损失。

2. 消火栓系统

城市轨道交通车站和区间消火栓系统为环状管网,由两路城市自来水管引入。在地下车站站厅、站台、人行通道、设备及管理用房和地下区间隧道均设置室内消火栓,保证车站范围内任意点均有不少于两股充实水柱可同时到达。消火栓箱内设自救水喉及报警按钮。区间隧道每 50m 设一个单口消火栓,不设消火栓箱、水龙带及水枪。消火栓管网在每个车站外设消防水泵接合器。

消火栓系统的优点:①安装方便、价格便宜,灭火剂易于取得;②消火栓是在各种场所都被广泛采用的灭火设施。

消火栓系统的缺点:①只能在发现火灾并报警后,等待消防员来救火;②等消防员到达,火灾可能已经发展到难以控制的局面,往往会错过最关键也是最容易扑灭火灾的初起火灾时期。

3. 自动喷水灭火系统

自动喷水灭火系统的优点:具有很高的灭火率和控火率,能够及时扑灭初期火灾,降低火场温度,并具有报警功能和不污染环境等。

自动喷水灭火系统的缺点:①喷头喷水扰乱烟气层的流动规律,使烟气层高度降低,会危害到乘客,既不利于逃生,也不利于排烟;②自动喷水会产生高温蒸汽危害乘客,降低可视率;费用高。

在上海等城市的城市轨道交通车站消防系统中,大都采用了自动喷水灭火系统。

4. 水喷雾自动灭火系统

水喷雾自动灭火系统是以水为介质,采用特殊喷头,在特定的工作压力下向保护对象喷洒细水雾进行灭火或控火的一种固定灭火系统。它是在水喷雾自动灭火系统的基础上发展而来的新型灭火系统,由水源、供水管道、控制阀组、过滤器和水雾喷头等组成。

水喷雾自动灭火系统的优点:对环境无污染;灭火用水量小,无须水池和大水箱,排水负荷小;灭火效能高,可以扑救带电设备火灾;水喷雾自动喷射时可净化火灾中的烟气,有利于安全疏散,适用于有人的场所;价格低。

水喷雾自动灭火系统的缺点:要求系统用水无污染、无悬浮物、无腐蚀且应设水过滤器;对管材和施工的要求高。

5. SHT-2000系统

SHT-2000系统的灭火过程是活性化的,其主要作用是在分子阶段物理化地冷却火焰。SHT-2000系统和冷冻用化合物同属一类,是一种有效的热转换剂,它能实质性地把火中的热能消除,致使燃烧反应不能维持下去。另外,SHT-2000系统具有化学灭火作用,它在火中释放游离基,以最终阻止燃烧的连锁反应。

SHT-2000系统的优点:不仅能防止火本身造成的损害,同时能消除灭火剂对设备和仪器的损坏;无污染;能很快恢复工作。

二、城市轨道交通消防系统运行管理

1. 消防系统运行管理的任务

消防系统是24h不间断工作的,其作用是在发生火灾的初起阶段能及早发现,并将火灾扑灭,使损失降到最低。因此,必须保证消防设备良好运行及其功能的充分发挥。

消防系统运行管理的任务如下:

(1)正确熟练地使用各种消防设备进行火灾监测及控制。

(2)确保消防设备处于正常的运行状态。

(3)确保消防设备的安全,不被人为或环境破坏。

2. 消防系统运行管理的内容

(1)对消防系统的操作进行管理。要求所有操作人员必须经过上岗培训并在培训合格后才能上岗。此外,消防系统应设置密码操作等级,平时处在低等级,以避免人为误操作,只有在发生火灾时,才进入高等级操作。

(2)对消防系统日常运行进行管理。应制定值班人员的巡视制度及记录表格,确保消防设备正常及安全。

(3)对突发事件的应急处理进行管理。

3. 运行管理组织及有关人员的职责

消防系统运行管理组织是针对城市轨道交通的特点而制定的,分为中央级和车站级。中央级设置消防系统中央调度,对全线进行集中管理,且具有最高的指挥权。车站级为每个站点均设置消防控制中心,对整个站点的消防设备进行操作和管理。

1)中央级调度人员职责

消防系统中央级设在 OCC,由环控调度员兼任消防系统中央调度。其使用的消防设备包括一主一备两台 GCC、全线车站广播、全线车站视频监视系统、调度电话等。中央级调度人员的主要职责是负责管理全线的消防设备,监视全线的火灾报警。具体做法是通过视频监视系统确认火灾灾情,通过有线或无线调度电话,通知车站值班人员到达现场确认火灾灾情,然后根据火灾发生的实际情况选择预定的处理方案,并向车站控制室发出消防救灾指令和安全疏散命令,指挥救灾工作的开展。与此同时,应立即拨打 119 火警电话通报火灾情况。

2)车站级消防值班人员职责

在车站,站长是消防主要责任人,值班站长、站务人员及保安人员兼任消防值班人员。

消防值班人员的主要职责是监视本站的火灾报警,确认火灾灾情,组织本站工作人员进行救灾以及乘客疏散,同时向 OCC 及有关领导报告火灾情况,并执行其下达的救灾指令。消防值班人员的日常工作包括:对消防设备设施的监护和巡视,确保消防设备设施不被挪用、破坏,在发生火灾时,使用消防设备设施进行报警、救灾以及组织乘客疏散。

4.运行管理的有关规程和制度

为确保消防系统正常运行,城市轨道交通运营企业应根据《中华人民共和国消防法》和有关消防规定,并结合消防设备安装的地理环境、气候条件、设备性能等,制定系统运行管理的有关规程和制度。

1)消防系统操作管理规程和制度

(1)消防值班人员是消防系统设备的使用者,有责任、有义务对消防系统的所有设备进行监护和管理;严禁擅自切断 FAS 控制盘、气体灭火系统控制盘、消防联动盘、OCC 电脑等消防设备的使用电源。

(2)消防值班人员是发生火警并进行处理的第一责任人。

(3)在收到火灾报警时,消防值班人员在 FAS 控制盘或 OCC 电脑确认后,应立即携带对讲机、插孔电话等通信工具,迅速到达报警点确认,然后根据"FAS 火灾报警处理流程"或"气体灭火系统火灾报警处理流程"进行处理。

(4)严禁未授权人员操作或越权操作 FAS 设备;严禁利用 FAS 工作站做与 FAS 无关的事(如在 OCC 电脑或打印机上做与 FAS 无关的事情等)。

(5)严禁任何人员在非紧急情况下操作气体灭火系统的手动启动器、钢瓶上的手动启动器和消防联动盘上的任何开关或按钮。

(6)FAS 电话系统是发生火警时的专用通信工具,平时不得挪作他用。

2)消防控制室值班人员管理规程和制度

(1)消防控制室必须 24h 设专人值班,值班人员应坚守岗位,严禁脱岗;未经专业培训的无证人员不得上岗。

(2)值班人员要认真学习消防法律、法规,学习消防专业知识,熟练地掌握消防设备的性能及操作规程,提高消防技能。

(3)值班人员在值班时间内严禁睡觉,不得聊天、打私人电话,不准在控制室内会客,严禁无关人员触动、使用室内设备。

(4)严密监视设备运行情况,每天对消防系统巡检1~2次,遇有报警,要按规定程序迅速、准确处理,做好各种记录,遇有重大情况要及时上报。

(5)未经公安消防机构同意,不得擅自关闭FAS、自动灭火系统。

3)火灾突发事件应急处理流程及规定

(1)接到报警信号后,应立即携带对讲机、插孔电话等通信工具,迅速到达报警现场确认。

(2)如未发生火灾,应查明报警原因,采取相应措施,并认真做好记录。

(3)如确有火灾发生,应立即用通信工具向消防控制室反馈信息,利用现场的灭火器进行扑救。

(4)消防控制室值班人员根据火灾情况启动有关消防设备,通知有关人员到场灭火,报告单位值班领导,并应拨打119火警电话报警。

(5)火灾情况处理完毕后,恢复各种消防设备正常运行状态。

5. 应具备的记录、技术资料

1)系统运行管理应具备的资料

(1)有关消防设备的竣工图纸。

(2)系统操作手册。

(3)故障手册。

2)消防系统的运行记录

(1)系统日常运行记录。

(2)系统日常巡视记录。

(3)系统报警及处理记录。

三、城市轨道交通消防系统巡视

1. 消防系统巡视的一般要求

(1)定期巡视设备是确保消防系统正常运行的重要手段。

(2)通过定期巡视可及时地发现并处理消防系统中存在的问题,从而确保消防系统安全、正常运行。

2. 消防系统巡视的人员组织及规定

(1)消防值班人员负责巡视消防系统设备的工作情况。

(2)巡视时至少保证有消防值班人员在消防控制室值班。

(3)巡视过程中,巡视人员须认真、仔细、全面、及时发现问题所在。

(4)巡视人员每天巡视1~2次,每次巡视都应进行详细的记录。

(5)发现设备故障须立即通报相关维护人员进行故障处理。

(6)若发现有人破坏消防设备,须立即进行制止。

3. 消防系统巡视的内容

消防系统的巡视内容包括消防自动报警系统主机及工作站、消防自动报警系统外围设备、气体灭火系统报警系统、气体灭火系统管网的巡视。

1)消防自动报警系统主机及工作站的巡视

(1)消防系统主机运行情况

①消防系统主机电源是否正常。

②消防系统主机显示是否正常。

③消防系统主机消防电话情况。

④消防系统主机火警报警情况。

⑤消防系统主机监视报警情况。

⑥消防系统主机故障报警情况。

⑦消防系统主机历史记录检查等。

(2)消防系统工作站运行情况

①GCC 工作是否正常。

②GCC 的键盘、鼠标、打印机、不间断电源(UPS)工作是否正常。

③GCC 的火灾报警实时软件运行是否正常。

(3)消防联动盘运行情况

①消防联动盘电源是否正常。

②消防联动盘指示灯是否正常。

③消防联动盘手动/自动转换开关是否正常。

④消防联动盘的按钮是否有被非法操作。

(4)消防系统网络运行情况

①通过 GCC 查看该工作站是否与本站的系统主机相连。

②通过 GCC 查看系统网络各节点是否连接正常。

2)消防自动报警系统外围设备的巡视

(1)点型感烟探测器和点型感温探测器巡视

①观察探测器外观是否良好、完整。

②观察探测器状态指示灯是否正常。

(2)手动报警器巡视

①观察手动报警器外观是否良好、完整。

②观察手动报警器状态是否正常。

(3)功能模块巡视

①观察功能模块箱(盒)外观是否良好、完整。

②观察各功能模块状态指示灯是否正常。

(4)消防电话巡视

①观察消防电话插孔、挂箱电话的外观是否良好、完整。

②观察消防电话插孔、挂箱电话状态是否正常。

3)气体灭火系统报警系统的巡视

(1)警示标志巡视

①观察防护区的警示标志牌是否良好、牢固并能阅读。

②观察防护区的疏散指示灯是否良好、完整。

(2)控制盘及附属设备巡视

①检查控制盘的电源是否正常。

②检查控制盘是否正常工作。

③检查手拉启动器、紧急停止开关、手动或自动转换开关是否在原位并处于正常工作状态。

④观察保护区范围内的警铃、警笛是否良好、完整。

(3)保护区内探测器巡视

①观察保护区内感烟探测器、感温探测器是否正常工作。

②观察保护区内消防管线是否良好。

4)气体灭火系统管网的巡视

①观察保护区内的管道及喷嘴是否良好、畅通。

②观察气体管道是否良好,有无凹凸或损伤。

③检查钢瓶是否良好,钢瓶上的压力指示表的指针是否在绿色区域。

④检查瓶头阀、高压软管、集流管、电磁阀、选择阀等设备是否良好。

⑤检查气瓶间的各种铭牌、指示标志是否在原位并且完整,能够阅读。

四、城市轨道交通消防系统设备维护

1. 设备维护的任务和原则

消防系统设备作为城市轨道交通运营安全的重要设施,具有防灾、救灾的重要作用。对消防系统进行良好、有效的定期检查和维护,使消防系统处于良好的工作状态,是对城市轨道交通财产和人民生命安全的有力保障。

1)消防系统设备维护的原则

(1)安全第一,遵章守律

安全是城市轨道交通的生命线,任何一部分出现问题都有可能造成乘客的生命和财产损害。因此,在消防系统的设备维护过程中,要真正贯彻"安全第一"的思想,严格遵守各项安全制度。

(2)精修细检,确保质量

精修细检对于延长设备使用年限、降低成本消耗、提高设备质量、满足运营生产需要等方面起到了保障作用。消防系统的设备维护主要体现在以下三方面:

①实行计划维护。当设备运行使用到规定的维护周期时,应按级进行大修、中修或更新改造。维护人员要严格执行维护计划,认真按照规程要求办理。在设备大修和更新改造后,须按设备验收标准验收,合格后方可投入使用。

②坚持预防为主的方针,严格执行各类设备巡检和保养维护计划。维护人员须认真执行日常维护计划,细心巡检,发现问题及时处理,准确填写记录,使设备保持良好状态。

③出现故障,先通后复,确保系统运行完好。当出现重大故障时,必须立即进行抢修;一般故障应在24h内修复,保证消防系统无故障运行。

(3) 优质服务

在维护消防系统设备时要注意文明施工,减少对乘客的影响,施工完毕后要清理好现场。

2. 设备维护的组织及有关人员的职责

消防系统的设备维护工作主要由消防维护工班和消防专业工程师负责。

消防维护工班设一名工班长及数名维护工,主要负责城市轨道交通全线 FAS 及气体灭火系统设备的维护工作。

日常的工班管理工作由工班长承担,而工班的生产管理工作则由工班长指定的各兼职管理员来协助完成。

3. 设备维护的有关规程和要求

设备维护的有关规程和要求主要包括消防系统设备的维护周期及工作内容、消防系统设备的维护作业管理和消防系统设备的维护安全管理三部分。

1) 消防系统设备的维护周期及工作内容

消防系统设备的维护工作,根据维护周期的不同可分为双周检、月检、季度检、半年检、年检;根据工作内容的不同可分为日常保养(一级)、二级保养、小修(三级)、中修(四级)。

消防系统设备的日常保养工作主要有设备的外观检查、设备的清洁、设备的运行状态检查等。其目的是保持系统的工作环境,及时发现系统的异常情况。

消防系统设备的二级保养工作除了包括日常保养的内容之外,还应有设备的功能测试、设备的线路检查等。其目的是测试系统的正常功能是否符合要求。

消防系统设备的小修工作除了包括二级保养的内容外,还应有设备的机械特性与电气特性测试、设备的零部件保养或更换等。其目的是确保系统的可靠性。

消防系统设备的中修工作除了包括全部小修的内容外,还应对现场的设备进行全面分解、整修、补强、调整或更换,对现场的设备进行全面测试。其目的是保证设备的机械特性与电气特性达到原设计的技术标准与要求。

2) 消防系统设备的维护作业管理

消防系统设备的维护作业涉及乘客和列车运营,需要进行规范管理。其中,施工进场作业令制度和请销点制度是两种主要的维护作业管理手段。

3) 消防系统设备的维护安全管理

消防系统设备的维护安全管理除要遵循城市轨道交通通用安全制度外,还需遵循高空作业安全的有关规定。

4. 消防系统故障(事故)分类与处理流程

消防系统是城市轨道交通重要的安全设施,对城市轨道交通火灾的监控起到至关重要的作用。对消防系统出现的故障进行及时处理和排除方能有效地保证消防系统的实时性及可靠性。

1) 故障分类

(1) 凡属下列故障之一,均为消防系统严重故障:

①FAS 的站级功能全部丧失。

②FAS 有一个以上的探测回路丧失工作能力,导致车站大片区域失去火灾监视功能。
③FAS 车站级计算机和控制盘显示 LCD 同时失效。
④气体灭火系统完全失去监视功能。
⑤气体灭火系统经常误报火警。
(2)凡属以下情况之一,均属消防系统一般故障:
①FAS 丧失中央级监控功能,但车站级功能完好。
②FAS 线路故障,但不影响回路的监测功能,如接地等。
③个别感烟探测器报脏污,或个别模块损坏。
④消防电话故障。
⑤主机部分板卡故障,但不影响整体的监视和控制功能。
⑥气体灭火系统部分辅助设备故障,如警铃等。

2) 故障处理时限

当消防系统发生严重故障时,必须组织维护人员立即到现场进行抢修,并本着"先通后复"的原则,尽快恢复消防系统的基本功能。若当班维护人员在本班内不能完成故障处理,则应报生产调度员,并做好现场防护措施,以便尽快安排接续的维护。对离线设备,当班维护人员在离线前应做好代换措施,代换后经复查、检验正常后,方可离开现场。离线设备的维护应按计划的维护期限实施。

3) 故障处理要求

故障处理要按故障处理程序进行。了解故障情况要做到"三清楚",即时间清楚、原因清楚、地点清楚。故障处理要遵循"三不放过"的原则,即事故原因分析不清不放过、没有防范措施不放过、事故责任者和相关人员没有受到教育不放过。

4) 故障(事故)抢修组织

故障(事故)抢修组织主要涉及抢修流程组织、抢修人员组织、材料与工器具组织三方面。

(1) 抢修流程组织

①中央级在 OCC 设置维护调度,负责全线所有系统的故障抢修调度。
②当消防系统发生故障后,维护调度员应电话通知维护部门生产调度员并做好故障记录。若为重大故障,由维护调度员统一指挥、组织抢修。
③生产调度员接到故障报告后,通知消防工班长,并做好故障记录。
④若为一般故障,消防工班长根据实际情况,派遣维护人员进行故障维护。若维护人员不能解决,消防工班长或技术人员必须到场协助解决。
⑤若为重大故障,生产调度员通知就近消防系统维护人员第一时间赶赴事故现场。同时通知工班长、专业工程师参与抢修。

原则上消防系统专业工程师或工班长为现场抢修负责人,抢修人员必须服从现场总指挥的命令,不得各自为政。

⑥抢险作业完成后,由现场抢修负责人报告抢修情况,同时向维护调度员及生产调度员报告抢修结束。

(2) 抢修人员组织

①消防系统在维护组织上以日班为主,在条件允许的情况下,上班人员应尽可能覆盖运营

时段。

②节假日期间应尽可能安排维护人员在运营时段内值班。

③非节假日及晚间采取维护人员在家待命的方式响应故障抢修。

④在工班设置上,尽可能将工班设置在城市轨道交通线路中间站,同时在维护组织上以分段维护为宜,每段设分段责任人,确保故障处理人员能在尽可能短的时间内到达现场。

(3)材料与工器具组织

①工班内应保存一定数量的备品备件、材料、仪器仪表等,并建立相应的管理制度。

②故障抢修工具、备品应分门别类地集中存放,最好集中存放在几个抢险箱中,并有明显标志,便于发生故障抢修时迅速、准确地取用。

③抢修工具、备品备件应状况良好,完好无损。

④抢修工具、备品备件应有专人负责保管,并定期进行清查、保养,发现问题应及时整改,短缺的物品及时补齐。所有物品必须建立账卡、清单。

⑤抢修设备应包括主要控制设备的备品备件、个人电气检修套装工具、对讲机、常用电工仪器仪表(如万用表、电流钳表等)、必要的材料及物资等。

五、城市轨道交通消防系统常见故障分析

在城市轨道交通消防系统周期性检查、年度检测时,对于检查发现的系统故障,要及时分析故障原因,消除故障,确保系统完好有效。

1. 自动喷水灭火系统常见故障分析与处理

自动喷水灭火系统由闭式喷头、水流指示器、湿式报警阀、压力开关、稳压泵、喷淋泵、喷淋控制柜等组成。

自动喷水灭火系统的工作原理是,当消防系统处于正常工作状态时,管道内有一定压力的水,当发生火灾时,火场温度达到闭式喷头的温度,玻璃泡破碎,喷头喷水,管道中的水由静态变为动态,水流指示器动作,信号传输到消防中心的消防控制柜上报警。当湿式报警装置报警,压力开关动作后,通过控制柜启动喷淋泵为管道供水,运用自动喷水灭火系统的灭火功能。

自动喷水灭火系统常见故障与故障原因及处理方法如下。

1)湿式报警阀组常见故障分析与处理

(1)报警阀组漏水

故障原因:

①排水阀门未完全关闭。

②阀瓣密封垫老化或者损坏。

③系统侧管道接口渗漏。

④报警管路测试控制阀渗漏。

⑤阀瓣组件与阀座之间因变形或因污垢、杂物阻挡出现不密封状态。

故障处理:

①关紧排水阀门。

②更换阀瓣密封垫。

③检查系统侧管道接口渗漏点,若密封垫老化、损坏,应更换密封垫;若密封垫错位,应重新调整密封垫位置;若管道接口锈蚀、磨损严重,应更换管道接口相关部件。

④更换报警管路测试控制阀。

⑤先放水冲洗阀体、阀座,存在污垢、杂物的,经冲洗后,渗漏减少或者停止;否则,关闭进水口侧和系统侧控制阀,卸下阀板,仔细清洁阀板上的杂质;拆卸报警阀阀体,检查阀瓣组件、阀座,存在明显变形、损伤、凹痕的,应更换相关部件。

(2)报警阀启动后报警管路不排水

故障原因:

①报警管路控制阀关闭。

②限流装置过滤网堵塞。

故障处理:

①开启报警管路控制阀。

②卸下限流装置,冲洗干净后重新安装回原位。

(3)报警阀报警管路误报警

故障原因:

①未按照安装设计图安装或者未按照调试要求进行调试。

②报警阀组渗漏,通过报警管路流出。

③延迟器下部孔板溢出水孔堵塞,发生报警或者缩短延迟时间。

故障处理:

①按照安装设计图核对报警阀组组件安装情况;重新对报警阀组伺应状态进行调试。

②按照故障"报警阀组漏水"查找渗漏原因,进行相应处理。

③延迟器下部孔板溢出水孔堵塞,卸下筒体,拆下孔板进行清洗。

(4)水力警铃工作不正常(不响、响度不够或不能持续报警)

故障原因:

①产品质量问题或者安装调试不符合要求。

②控制口阻塞或者铃锤机构被卡住。

故障处理:

①属于产品质量问题的,应更换水力警铃;安装缺少组件或者未按照要求安装的,应重新进行安装调试。

②拆下喷嘴、叶轮及铃锤组件,进行冲洗,重新组装,使叶轮转动灵活。

(5)开启测试阀,消防水泵不能正常启动

故障原因:

①压力开关设定值不正确。

②消防联动控制设备中的控制模块损坏。

③水泵控制柜、联动控制设备的控制模式未设定在"自动"状态。

故障处理:

①将压力开关内的调压螺母调整到规定值。

②逐一检查控制模块,采用其他方式启动消防水泵,核定问题模块,并予以更换。
③将控制模式设定为"自动"状态。

2)预作用装置常见故障分析与处理

(1)报警阀漏水

故障原因:

①排水控制阀门未关紧。

②阀瓣密封垫老化或者损坏。

③复位杆未复位或者已损坏。

故障处理:

①关紧排水控制阀门。

②更换阀瓣密封垫。

③重新复位或者更换复位装置。

(2)压力表读数不在正常范围

故障原因:

①预作用装置前的供水控制阀未打开。

②压力表管路堵塞。

③预作用装置的报警阀体漏水。

④压力表管路控制阀未打开或者开启不完全。

故障处理:

①完全开启报警阀前的供水控制阀。

②拆卸压力表及其管路,疏通压力表管路。

③按照湿式报警阀组渗漏的原因进行检查、分析,查找预作用装置的报警阀体的漏水部位,进行修复或者组件更换。

④完全开启压力表管路控制阀。

(3)系统管道内有积水

故障原因:复位或者试验后,未将管道内的积水排完。

故障处理:开启排水控制阀,完全排除系统内的积水。

(4)传动管喷头堵塞

故障原因:

①消防用水水质存在问题,如有杂物等。

②管道过滤器不能正常工作。

故障处理:

①对水质进行检测,清理不干净、影响系统正常使用的消防用水。

②检查管道过滤器,清除过滤网上的杂质或者更换过滤器。

3)雨淋报警阀组常见故障分析与处理

(1)自动滴水阀漏水

故障原因:

①产品或者部件存在质量问题。

②安装调试或者平时定期试验、实施灭火后,没有将系统侧管内的余水排尽。

③在雨淋报警阀隔膜球面中线密封处,因施工遗留的杂物、不干净消防用水中的杂质等导致球状密封面不能完全密封。

故障处理:

①更换存在问题的产品或者部件。

②开启放水控制阀,排除系统侧管道内的余水。

③启动雨淋报警阀,采用洁净水流冲洗遗留在密封面处的杂质。

(2)复位装置不能复位

故障原因:水质质量差,有细小杂质进入复位装置密封面。

故障处理:拆下复位装置,用清水冲洗干净后重新安装,并调试到位。

(3)长期无故报警

故障原因:

①未按照安装设计图进行安装和调试。

②误将试验管路控制阀打开。

故障处理:

①检查各组件安装情况,按照安装设计图重新进行安装和调试。

②关闭试验管路控制阀。

(4)系统测试不报警

故障原因:

①消防用水中的杂质堵塞了报警管道上过滤器的过滤网。

②水力警铃进水口处喷嘴堵塞,未配置铃锤或者铃锤卡死。

故障处理:

①拆下过滤器,用清水将过滤网冲洗干净后,重新安装到位。

②检查水力警铃的配件,配齐组件;对有杂物卡阻、堵塞的部件进行冲洗后重新装配到位。

(5)雨淋报警阀不能进入伺应状态

伺应状态是指准工作状态,即各个配件及设置都准备完好,如果遇到火灾马上可以工作的状态。

故障原因:

①复位装置存在问题。

②未按照安装调试说明书将报警阀组调试到伺应状态(隔膜室控制阀、复位球阀未关闭)。

③消防用水水质存在问题,杂质堵塞了隔膜室管道上的过滤器。

故障处理:

①修复或者更换复位装置。

②按照安装调试说明书将雨淋报警阀组调试到伺应状态(开启隔膜室控制阀、复位球阀)。

③将供水控制阀关闭,拆下过滤器的滤网,用清水冲洗干净后,重新安装到位。

4)水流指示器故障分析与处理

水流指示器故障表现为打开末端试水装置,达到规定流量时水流指示器不动作,或者关闭末端试水装置后,水流指示器反馈信号仍然显示为动作信号。

故障原因：
①桨片被管腔内杂物卡阻。
②调整螺母与触头未调试到位。
③电路接线脱落。
故障处理：
①清除水流指示器管腔内的杂物。
②将调整螺母与触头调试到位。
③检查并重新将脱落电路接通。
5) 其他常见故障分析与处理
（1）稳压装置频繁启动
故障原因：湿式装置前端有泄漏、水暖件或连接处泄漏、闭式喷头泄漏或末端泄放装置没有关好。
故障处理：检查各水暖件、喷头和末端泄放装置，找出泄漏点并进行处理。
（2）水流指示器在水流动作后不报信号
故障原因：除电气线路及端子压线问题外，主要是水流指示器本身问题，包括桨片不动、桨片损坏、微动开关损坏、干簧管触点烧毁或永久性磁铁不起作用。
故障处理：检查桨片是否损坏或塞死不动，检查永久性磁铁、干簧管等器件。
（3）喷头动作后或末端泄放装置打开，联动泵后管道前端无水
故障原因：主要为湿式报警装置的蝶阀不动作，湿式报警装置不能将水送到前端管道。
故障处理：检查湿式报警装置，主要是蝶阀，直到灵活翻转，再检查湿式报警装置的其他部件。
（4）联动信号发出，喷淋泵不动作
故障原因：控制装置及消防泵启动柜连线松动或器件失灵，或者喷淋泵本身机械故障。
处理办法：检查各连线及水泵本身。

2. FAS 常见故障分析与处理
（1）探测器误报警
故障原因：如环境湿度过大、风速过大、粉尘过大、机械振动、探测器使用时间过长、器件参数下降等。
故障处理：
①根据安装环境选择适当灵敏度的探测器，安装时应避开风口及风速较大的通道，定期检查。
②根据情况清洁或更换探测器。
（2）手动按钮误报警
故障原因：按钮使用时间过长，参数下降，或者按钮遭到人为损坏。
故障处理：定期检查，若发现损坏应及时更换，以免影响系统运行。
（3）报警控制器故障
故障原因：机械本身器件损坏报故障或外接探测器、手动按钮问题引起报警控制器报故

障、报火警。

故障处理：用表或自身诊断程序判断检查机器本身，排除故障，或者检查故障是否由外界原因引起。

(4) 线路故障

故障原因：绝缘层损坏，接头松动，环境湿度过大，造成绝缘下降。

故障处理：用表检查绝缘程度，检查接头情况，接线时采用焊接、塑封等工艺。

3. 消火栓系统常见故障分析与处理

(1) 打开消火栓阀门无水

故障原因：可能管道中有泄漏点，使管道无水，且压力表损坏，稳压系统不起作用。

故障处理：检查泄漏点、压力表，修复或安上稳压装置，保证消火栓有水。

(2) 按下手动按钮，不能联动启动消防泵

故障原因：手动按钮接线松动，按钮本身损坏，联动控制柜本身故障，消防泵启动柜故障或连接松动。

故障处理：检查各设备接线、设备本身器件，检查泵本身电气、机构部分有无故障并进行排除。

4. 防排烟系统常见故障分析与处理

(1) 排烟阀打不开

故障原因：排烟阀控制机械失灵，电磁铁不动作或机械锈蚀引起排烟阀打不开。

故障处理：经常检查操作机构是否锈蚀，是否有卡住的现象，检查电磁铁是否工作正常。

(2) 排烟阀手动打不开

故障原因：手动控制装置卡死或拉筋线松动。

故障处理：检查手动操作机构。

(3) 排烟机不启动

故障原因：排烟机控制系统器件失灵、连线松动或机械故障。

故障处理：检查机械系统及控制部分各器件之间的连线等。

5. 防火卷帘门系统常见故障分析与处理

(1) 防火卷帘门不能上升下降

故障原因：电源故障、电机故障或防火卷帘门本身卡住。

故障处理：检查主电、控制电源及电机，检查防火卷帘门本身。

(2) 防火卷帘门有上升无下降或有下降无上升

故障原因：

①下降或上升按钮问题。

②接触器触头及线圈问题。

③限位开关问题。

④接触器联锁常闭触点问题。

故障处理：

①检查下降或上升按钮。
②检查下降或上升接触器触头开关及线圈。
③检查限位开关。
④检查下降或上升接触器联锁常闭触点。

(3) 在控制中心无法联动防火卷帘门

故障原因：
①控制中心联动控制装置本身故障。
②控制模块故障。
③联动传输线路故障。

故障处理：
①检查控制中心联动控制装置本身。
②检查控制模块。
③检查联动传输线路。

6. 消防事故广播及对讲系统常见故障分析与处理

(1) 广播无声
故障原因：一般为扩音机无输出。
故障处理：检查扩音机。

(2) 个别部位广播无声
故障原因：扬声器有损坏或连线有松动。
故障处理：检查扬声器及连线是否良好。

(3) 不能强制切换到事故广播
故障原因：一般为切换模块的继电器不动作引起。
故障处理：检查继电器线圈及触点。

(4) 无法实现分层广播
故障原因：分层广播切换装置故障。
故障处理：检查分层广播切换装置及接线。

(5) 对讲电话不能正常通话
故障原因：
①对讲电话本身故障。
②对讲电话插孔接线松动或线路损坏。

故障处理：
①检查对讲电话及插孔本身。
②检查线路。

 课后习题

一、填空题

1. 消防控制室必须昼夜_____h设专人值班,值班人员应坚守岗位,严禁脱岗;未经专

业培训的_____人员不得上岗。

2.消防控制室值班人员根据火灾情况启动有关消防设备,通知有关人员到场灭火,报告单位值班领导,并且拨打_____火警电话向消防队报警。

3.城市轨道交通消防系统的维护管理工作主要有_____和_____。

4.日常的工班管理工作由_____承担,而工班的生产管理工作则由_____指定的各兼职管理员来协助完成。

5.消防设备的维护作业,由于涉及乘客和列车运营,需要进行规范管理。其中,施工进场制度和_____制度是维护作业两种主要管理手段。

二、选择题

1.消防系统设备的保养工作主要有设备的外观检查、设备的清洁、设备的运行状态检查等,是属于(　　)保养。

  A.一级   B.二级   C.三级   D.四级

2.消防系统设备的保养工作除了包括二级保养的内容外,还应有设备的机械特性与电气特性测试、设备的零部件的保养或更换等,其目的是确保系统的可靠性的保养属于(　　)。

  A.一级   B.二级   C.三级   D.四级

3.当消防系统发生严重故障时,必须组织维护人员立即到现场进行抢修,并本着(　　)原则,尽快恢复消防系统的基本功能。

  A.先通后复   B.先请示后汇报

  C.先复后通   D.没有原则

4.城市轨道交通消防系统设备故障处理要按故障处理程序进行。了解故障情况要做到"三清楚",即(　　)。

  A.时间清楚、原因清楚、地点清楚 B.时间清楚、设备清楚、地点清楚

  C.时间清楚、原因清楚、用途清楚 D.时间清楚、流程清楚、地点清楚

三、简答题

1.简述城市轨道交通消防系统运行管理任务。

2.简述消防控制室值班人员管理规程和制度。

3.简述城市轨道交通消防系统设备维护任务和原则。

四、论述题

1.论述自动喷水灭火系统常见故障分析与处理。

2.论述FAS常见故障分析与处理。

项目三　城市轨道交通环境与设备监控系统

项目总述

城市轨道交通环境与设备监控系统(Building Automatic System,BAS)(以下简称环境系统)是对城市轨道交通建筑物内的环境与空气调节、通风、给排水、照明、乘客导向、自动扶梯及电梯、站台门、防淹门等建筑设备和系统进行集中监视、控制和管理的系统。本项目主要讲述城市轨道交通环控系统的组成与作用。在此基础上,重点讲解环控系统的体系结构,介绍中央级监控系统、车站级监控系统和就地级监控系统的功能与作用,最后通过实例讲述环控系统运行管理的基本方法。

学习目标

1. 了解城市轨道交通环控系统的基本概念和作用。
2. 掌握城市轨道交通车站通风空调系统和隧道通风空调系统的结构与作用。
3. 掌握城市轨道交通环控系统结构与功能作用。
4. 了解城市轨道交通环控系统供电及接地的方式与作用。
5. 掌握城市轨道交通环控系统与其他系统的接口。
6. 掌握城市轨道交通环控系统运行与管理方法。

学习任务一　城市轨道交通环境与设备监控系统概述

课前思考

地铁通常是在地下10~30m运行,乘客在站厅站台候车时,是否感觉到空气质量好与不好?请大家思考,地铁站厅、站台、工作人员办公室、设备用房等空间如何保持空气流通?

必备知识

一、城市轨道交通环控系统的作用及功能

1. 环控系统的作用

地铁与轻轨的正常运营是靠多种机电设备与各类控制系统来保证的,尤

城市轨道交通环控系统

其是地铁,其主体建筑(车站和区间隧道)一般位于地下数米至数十米深处,其上覆盖土层,与外界的空气交换只能通过有限的车站出入口、风井和风亭来实现。受土壤的蓄热作用,地铁热环境具有冬暖夏凉的特点,因此高纬度地区的某些地铁在没有人工冷源的情况下,仅依靠机械通风就能获得让乘客可以忍受的热环境。但是地铁内部毕竟存在非常显著的热源、湿源和尘源,而且随着人们生活水平的提高,作为一种自负盈亏的公共交通工具,地铁必须提供舒适度高的乘车环境,否则将导致客流流失。因此,城市轨道交通环控系统是满足和保证人员及设备运行所需内部空气环境的关键系统,是城市轨道交通重要组成部分,诸如照明、给排水、导向、站台门、电扶梯等机电设备直接服务于乘客,其运行状态关系到城市轨道交通的服务质量。监控及管理上述各类设备运行的城市轨道交通环控系统在城市轨道交通运营中处于较重要的位置。

2. 环控系统的功能

环控系统在正常状态下主要实现以下功能:保证各城市轨道交通车站及区间内机电设备运营安全,各项公共设备可靠、节能;保证城市轨道交通环境达到国家有关规定和标准,并在灾害发生时能够及时、迅速地进入防灾运行模式,保证人员的生命安全和减少财产损失;在不牺牲车站卫生标准和热舒适的前提下,提高空调系统管理水平,降低维护管理人员工作量,节省空调设备运行能耗。由此可见,环控系统的作用是控制和调节城市轨道交通内的热环境,保证城市轨道交通内的室内空气品质(IAQ)在一个合理舒适的范围内,满足乘客和工作人员的舒适性、健康和安全需求以及设备降低能耗的工作要求。此外,环控系统应当在事故及灾害情况下进行通风、排烟和排热,起到生命保障及辅助灭火的作用。需要指出的是,环控系统不是消防灭火系统。

城市轨道交通地下环境有两个特点:一是比较封闭、湿度大;二是该环境内有多种发热源,如人体散热、站内设备散热、列车散热等,在降温的同时也需要采取排热措施。由于城市轨道交通一般都建设在人员密集区域及城市道路的下方,新风口多数设置在道路两旁,引入的新风空气中含有较多的粉尘及有害物质,必须进行有效的过滤予以去除。另外,车站内乘客产生的大量二氧化碳须及时排出车站。只有通过合理的空气处理手段,才能为乘客和工作人员创造舒适的环境,并保证设备的正常运行。环控系统主要有以下功能:

(1)在城市轨道交通正常运行时,排除余热、余湿,为乘客创造往返于地面和城市轨道交通列车间的过渡性舒适环境,并为工作人员创造舒适的工作环境。

(2)满足车站各种设备管理用房工艺和功能要求,提供设备正常所需的温、湿度条件。

(3)列车因阻塞停留在区间隧道时,向隧道提供一定的新风并排走列车空调散发的热量,以维持乘客能接受的环境条件。

(4)当发生火灾、易燃气体泄漏、有毒气体泄漏等紧急情况时,能提供迅速有效的排烟、排气手段,向乘客输送必要的新风,以及引导乘客向安全区域疏散。

二、城市轨道交通环控系统运行模式

环控系统由中央控制(中控级)、车站控制(集控级)和就地控制三级组成,就地控制具有优先权。

1. 中央控制

中央控制是指在中央控制室内将中央监控系统与车站环控控制计算机联网。对各车站和相关区间隧道的环控系统进行监控,使其统一协调地运行。

1)正常运行模式时

中央控制室以通信方式向各车站环控控制室下达车站及区间隧道环控系统运行方案指令,并接受各车站环控控制室反馈的设备运行信号,显示各车站环控系统设备及风门工作状态,遥测室外温湿度、回风状态点和空调箱表冷器出风温度,进行数据处理后决定运行工况;控制各车站公共区环控系统设备的开关。

2)阻塞运行模式时

一端接到列车阻塞信号,立即将相关区段转入阻塞运行模式,直接控制和显示阻塞区间前后方车站近端隧道(TVF)风机、射流风机和相关风门的开关。

3)火灾运行模式时

一旦接到火灾事故信号,确认火灾地点、列车火灾部位,然后选择火灾工况环控系统运作方案,直接控制和显示火灾区间相邻车站 TVF 风机、射流风机、站台轨行区(UPE/OTE)风机、回排风机和相关风门的开关,并指示乘客疏散方向。

2. 车站控制

车站控制是指各车站环控控制室在确保不同运作工况时,环控设备按要求进行控制和显示。

1)正常运行模式时

各车站环控控制室接受 OCC 通信指令,对本车站的所有环控设备进行距离监控,显示其运行状态,并向中央控制室反馈环控设备运行状态。

2)阻塞运行模式时

各车站环控控制室保持对本车站环控系统的运行工况进行监控,并向中央控制室反馈 TVF 风机、射流风机及相关风门的开关状态。

3)火灾运行模式时

若火灾发生在本车站的站台层或站厅层,则按车站火灾运行模式控制车站环控系统,并将信息反馈至中央控制室;若火灾发生在设备管理用房,则将相关的设备管理用房环控系统转换为火灾运行模式,并将信息反馈至中央控制室。

3. 就地控制

就地控制是指在各种环控设备电源控制柜处操作,供设备安装、调试、检修时现场使用。为确保安全,就地控制具有优先权,即就地控制时,发信号给车站控制室及中央控制室,则中央控制和车站控制失效;就地控制结束后,反馈信号给车站控制室和中央控制室,恢复其正常功能。

课后习题

一、填空题

1. 城市轨道交通地下环境有两个特点：一是_____；二是该环境内有多种_____。
2. 城市轨道交通系统的隧道一般采用_____通风，但是为满足区间隧道正常及紧急状态下通风及排烟的需要，在地下区间隧道仍需设置通风能力强大的隧道通风系统，以保障区间隧道的行车安全。
3. 环控系统模式由_____、车站控制（集控级）和就地控制三级组成，_____具有优先权。

二、简答题

1. 简述城市轨道交通环控系统的主要功能。
2. 简述环控系统中央控制的工作模式。

学习任务二　城市轨道交通环境与设备监控系统结构及控制方式

课前思考

城市轨道交通环控系统能够保证城市轨道交通车站站厅、站台、设备用房以及员工办公室等区域的空气新鲜。一旦设备出现故障，维修人员怎样才能够及时发现呢？此时环控系统发挥了至关重要的作用。

必备知识

一、城市轨道交通环控系统结构

1. 环控系统的基本组成

广义的环控系统包括车站环控系统、隧道/区间环控系统、机电设备控制系统和列车环控系统。其中，列车环控系统安装在列车上并随其移动，它基本独立于另外三个系统，通常由列车供应商负责，在设计环控系统时不对其进行考虑。因此，环控系统是指车站环控系统、隧道/区间环控系统和机电设备控制系统，可以称为狭义的环控系统或者"工程"环控系统，这符合城市轨道交通建设和运营中关于环控系统的定义。

城市轨道交通环控系统按照被控设备作用划分，可分为机电设备控制系统和环境控制系统两类。机电设备控制系统是指对城市轨道交通建筑附属设备及其他机电设备的控制，包括电扶梯系统、照明系统、站台门系统、乘客信息系统、给排水设备和防淹门等。环境控制系统由车站环控系统和隧道/区间环控系统组成，具体包括车站站厅和站台公共区的通风空调系统（以下简称"大系统"）、车站设备及附属管理用房的空调系统（以下简称"小系统"）、车站制冷空调循环水系统(以下简称"水系统")和区间隧道通风系统兼事故通风排烟系统(以下简称"隧道通风系统")。环控大系统结构图如图 3-1 所示。

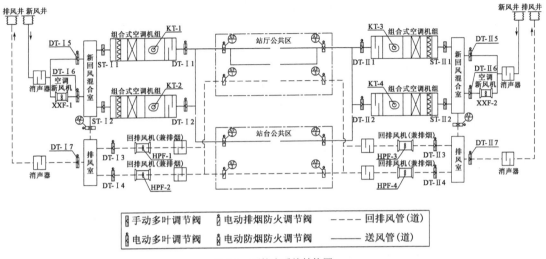

图 3-1　环控大系统结构图

2. 环控大、小系统

1) 环控大系统

城市轨道交通车站的站厅、站台层公共区是乘客活动的主要场所,也是环控系统空调、通风的主要控制区。公共区的通风空调系统简称为大系统。车站站厅与站台公共区通风空调采用双风机全空气系统,站台、站厅层配置的设备有组合式空调机组、回排风机、小新风机,承担公共区的通风空调负荷,两套系统互为备用。组合式空调机组及回排风机均采用变频控制。

2) 环控小系统

车站的管理及设备用房区域内主要分布着各种运营管理用房和控制系统的设备用房,其工作环境的好坏将直接影响城市轨道交通能否安全、正点运营。实际上它是城市轨道交通车站管理系统的核心地带,也是环控系统设计的重点区域,这类用房根据各站不同的需要而设置。

由于各种设备用房的环境要求不同,温、湿度要求也不同,小系统的空调、通风基本上根据以下四种形式分别设置独立的送风和(或)排风系统：

(1) 需空调、通风的用房,如通信、信号、车站控制、环控电控、会议等用房。

(2) 只需通风的用房,如高、低压,照明配电,环控机房等用房。

(3) 只需排风的用房,如洗手间、储藏间等。

(4) 需配置气体灭火系统保护的用房,如通信、信号设备室,环控电控室,高低压室等。

车站环控小系统的设备组成主要包括为车站设备及管理用房服务的轴流风机,柜式、吊挂式空调机组及各种风阀。其作用是通过对各种用房的温、湿度等环境条件的控制,为工作人员提供一个舒适的工作环境,为各种设备提供正常的运行环境。当发生火灾时,通过机械排风方式进行排烟,有利于工作人员撤离和消防人员灭火;在气体灭火系统的设备用房内关闭送、排风管进行密闭灭火。

3）环控大、小系统的主要设备

环控大、小系统一般采用集中式全空气系统，个别采用风机盘管系统（如广州地铁2号线江南西站、北京环线部分车站等）。环控大、小系统的基本设备主要包括组合式空调机组（小系统也称吊式空调器）、风机盘管、回排风机、新风机、专用排烟风机、各种风阀、防火阀、消音器、风道及风口等。环控大系统结构形式比较简单，但是与车站的土建结构形式密切相关，每个系统的结构及设备的数量、型号规格都不尽相同。根据系统服务区域大小、冷负荷大小、排烟需要等，系统中的设备数量会有所增加，如采用双组合空调机组或双风机并联运行等。

城市轨道交通车站是人员大量聚集的公众场所，在发生疫情的情况下，交叉感染病菌的概率较大。在城市轨道交通车站环控系统中必须加入杀菌过滤功能。因此，在新修建城市轨道交通系统中，车站环控系统均增设了杀菌功能，较成熟的技术有高压静电吸附、光催化、紫外灯及光触媒等。

4）环控大、小系统的工作原理

环控系统的结构形式虽多样，但是对空气的处理过程是一样的。室外的新风经新风井进入系统循环，在混风室与回风混合后经组合空调机组的过滤器过滤尘埃，经表冷器冷却后由组合空调机组内的风机加压送到服务区域。服务区域内的空气经排风口、风道进入排风机，一部分经回风道进入混风室内进行循环送风压，另一部分经排风井排到室外。环控小系统服务于设备区内不同工艺需求的用房，对于需设空调的设备和管理用房采用全空气双风机一次回风系统或风机盘管加新风系统的方式；对于属于气体消防保护的设备管理用房，其进出风管上均设置了防烟防火阀；部分独立外散且需要通风换气的设备管理用房设置独立通风；当单个房间面积大于$50m^2$时（气体保护房间除外）设置机械排烟；当单个房间面积小于$50m^2$时（可分为多个管理用房，几个功能相同且相邻的管理用房面积合计），只在进出房间的通风管道上设防火阀，以隔断火源和烟气；当设备管理用房内走道长度超过20m时，应设机械排烟措施。

中央空调系统除湿效果有限，在气候较潮湿地区的城市轨道交通系统，为满足重要电子仪器设备房间（如信号、通信设备用房）的湿度要求，在中央空调的基础上还应增加分体空调机组或专用除湿机等辅助除湿设备，以满足设备用房的工艺要求。城市轨道交通系统一般采用高度自动化的系统，设备区布有大量的电子设备，设备用房对环境要求较高，除对温度的要求外，还对湿度及空气洁净度都有较高的要求。因此，在日常维护过程中，需要定期对组合空调柜的过滤尘网及表面冷凝器进行清洗，以保证除湿及滤尘的效果。

3. 环控水系统

环控水系统的作用是，为车站的空调系统制造冷源，并将其供给车站空调大、小系统中的空气处理设备。环控水系统由冷水机组、水泵、冷却塔、水阀与管路等设备组成。通风空调水系统原理如图3-2所示。

1）环控水系统的主要设备

环控水系统的主要功能是给环控大、小系统提供冷、热源，一般均采用水（冷冻水、冷却水）作为传输介质。根据供冷范围，环控水系统分为独立式冷站供冷系统和集中式冷站供冷系统两种。供热系统一般在北方较寒冷的地区才设置，且主要以集中供热为主。

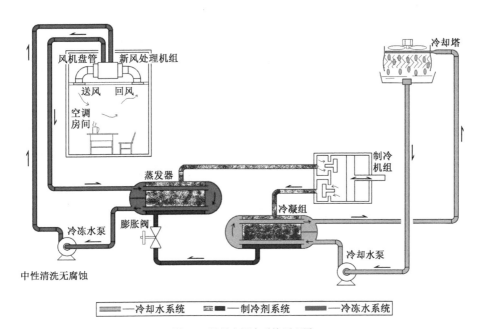

图 3-2　通风空调水系统原理图

(1) 独立式冷站供冷系统一般在每个车站内独立设置两台以上的冷水机组(由水冷式离心机、活塞机和螺杆机组，个别车站还采用冷量较小的风冷式冷水机组)，通过冷冻水泵将二次冷源供给车站大系统空调或车站小系统空调，空调末端采用大组合空调柜、小空调柜及风机盘管等设备。

(2) 集中式冷站供冷系统一般在某一地方集中设置制冷机组、联动设备及其他辅助设备，通过室外管廊、地沟架空、区间隧道敷设冷冻水管，用二次水泵将冷冻水长距离地输送到车站空调大系统末端，以满足多个车站所需的冷量。集中式冷站供冷系统的环路可分为两部分：一是制冷系统环路，主要由冷水机组、冷冻水一次泵、冷却泵、冷却塔及其附属设备组成。其主要功能是空调系统根据系统控制的时间表，早晨运营前进行系统预冷和晚间利用余冷提前关机，正常运营时制备空调冷冻水；二是冷冻水二次环路，主要由二次冷冻泵、变频器、管网等组成。其主要功能是通过监视末端的阀门开度，计算末端的负荷量，调节阀门的开度，以满足车站实际冷负荷需求，二次冷冻泵的变频由末端差压控制。

2) 环控水系统的运行管理

环控水系统根据冷水机组配置台数设定不同的运行模式，以满足不同冷负荷工况下的运行和机组轮换开启的需要，如某独立冷站配置两台冷水机组分别为 1 号机和 2 号机，冷站运行模式就会有开 1 号机、开 2 号机和 1 号、2 号机全开三种模式。冷水机组台数越多，模式就越复杂。一般情况下水系统的模式控制都需要自动控制系统辅助完成。

4．隧道通风系统

城市轨道交通系统的隧道一般采用活塞通风，但是为了满足区间隧道正常状态和紧急状态下通风和排烟的需要，在地下区间隧道仍需设置通风能力强大的隧道通风系统，以保障区间隧道的行车安全。

1)隧道通风系统的主要设备及其功能

隧道通风系统包括区间隧道通风系统和车站隧道通风系统两部分。

(1)区间隧道通风系统

区间隧道通风系统的主要功能是:当列车停在区间隧道内时,对隧道进行通风换气,并在发生火灾时进行排烟。

区间隧道通风系统主要由隧道风机、单向推力风机、双向推力风机、射流风机及相关的电动风阀、风道等组成。所有风机均采用风量较大的轴流式风机。隧道风机一般采用双向风机(风机反转效率90%以上),并能够在150℃工作环境下保证能够运行1h以上,通常设置在车站两端的隧道入口处,个别超长(2km以上)的区间,一般应在中间加设中间风井。推力风机及射流风机一般设置在隧道结构特殊部位,以起到对气流诱导的作用,协助隧道内的气流组织。

(2)车站隧道通风系统

车站隧道通风系统的主要功能是:将列车停在站台时空调冷凝器散发的热量及时排到外界,以减少对隧道及车站空调系统的影响,并且在车站站台轨行区或站台发生火灾时,可作为主要的排烟设备。

按功能划分,车站隧道通风系统的主要设备有轨道排风机、电动风阀和防火阀、风道等。其中,轨道排风机是车站的主要消防排烟设备,其重要技术要求之一是,在280℃工作环境下保证能够运行30min以上。另外,轨道排风机仅用于排风、排烟,一般情况下采用单向轴流风机。由于城市轨道交通均设置在空间狭窄的城市道路下方,空间有限,个别城市轨道交通的隧道通风系统已经采用区间隧道通风系统与车站隧道通风系统合并设计的方式,通过对运行模式的控制,使隧道风机既能满足隧道通风,也能满足车站轨道排风及排烟的需要。

2)隧道通风系统的运行管理

(1)为保证列车能在隧道内安全运行,且保证列车上乘客的舒适度,若列车没有设置空调,隧道内温度不得高于33℃;若列车设置空调,隧道内温度不得高于35℃;若列车设置空调且车站设置站台门时,隧道内温度不得高于40℃。遇炎热高温天气,一旦隧道内温度超过标准,则需要立即启动隧道通风系统进行强制通风。

(2)地下区间隧道是一个狭长的空间,列车运行时会产生强大的活塞效应,并形成活塞风,一般情况下区间内的空气流动方向与列车运行方向保持一致。另外,由于空气流动的惯性作用,导致控制区间隧道内的气流组织十分困难,隧道通风系统的运行模式控制必须按制定好的标准严格执行。

(3)当某区间发生阻塞时,隧道通风系统将按与行车方向一致的方向进行纵向通风。通常情况下,系统按同一区间的左右线同一时间只发生一侧阻塞考虑,若出现同一区间左右线同时发生上、下行阻塞的情况,则左右线的送风方式应以先阻塞区间作为参考进行纵向通风,即此时左右线均按同一方向进行纵向通风。

(4)当列车在某区间发生火灾时,应尽量驶向前方车站,在前方车站疏散乘客、排烟和灭火;当列车发生火灾且被迫停在区间隧道内时,应严格按列车所处区间位置和列车火灾位置执行预先设计的火灾运行模式。区间隧道内火灾运行模式的设计原则如下:

①一旦出现列车发生火灾且停在区间隧道内时,应立即启动相应的火灾运行模式。

②隧道通风系统应按与多数乘客疏散方向相反的方向送风。

③当列车中部着火时，列车靠近车站的一端排烟，远端送风，若列车位于区间隧道中部时，按与行车方向一致的方向送风。

由于城市轨道交通发展迅速，线路的规划已经延伸到城市的郊区及邻近的卫星城市，站与站之间的距离越来越远，并出现了数千米长的长大区间。为满足城市轨道交通隧道通风能力，通常会将区间划分为数个排烟分区，并在隧道中间设置一个或数个中间排风机井及排烟设备，这也导致了列车在隧道内发生火灾时送风及疏散的情况更加复杂。

二、车站通风空调系统

1. 车站通风空调系统的制式

根据城市轨道交通隧道通风换气的形式以及隧道与车站站台层的分隔关系，车站通风空调系统一般分为三种制式，分别为开式系统、闭式系统和站台门系统。

车站通风空调系统

1）开式系统

开式系统是指应用机械或"活塞效应"的方法使城市轨道交通内部与外界交换空气，利用外界空气冷却车站和隧道。开式系统多用于当地最热月的月平均温度低于25℃且运量较小的城市轨道交通系统。其做法是，隧道设置机械风井和必要的活塞风井，通过风井、车站出入口、隧道洞口等与室外空气相通，车站与隧道相通，不需要迂回通道，利用活塞或机械进行通风。

2）闭式系统

闭式系统是一种地下车站内空气与室外空气基本不相连通的方式，即城市轨道交通车站内所有与室外连通的通风井及风门均关闭，夏季车站内采用空调，仅通过风机从室外向车站提供所需空调最小新风量或空调全新风。区间隧道则借助于列车行驶时的活塞效应将车站空调风携带入区间，由此冷却区间隧道内温度，并在车站两端部位设置迂回风通道，以满足闭式系统运行活塞风泄压要求，线路露出地面的洞口则采用空气幕隔离，防止洞口空气热湿交换。

车站采用空调系统，区间隧道冷却借助行车"活塞效应"携带的部分车站空调冷风来实现内部环境的控制。其做法是隧道设置机械风井和必要的活塞风井，风井、车站出入口及隧道洞口与外界空气相通，需要迂回风道，利用活塞或机械通风。闭式系统，隧道内部基本上与外界大气隔绝，仅供给满足乘客所需的新鲜空气。

3）站台门系统

采用站台门设备，将站台公共区与隧道轨行区完全隔开。关上站台门后，所形成的一道隔墙可以有效地阻止隧道内热流、气压波动和灰尘等进入车站，有效地减少了空调负荷，为车站创造了较为舒适的环境。另外，站台门系统可以有效保证安全，减小噪声及活塞风对站台候车乘客的影响，改善了乘客候车环境的舒适度。

站台公共区和隧道轨行区隔开，车站公共区设置空调系统，区间隧道采用活塞通风或机械通风，分别实现内部环境的控制。其做法是车站设置站台门，隧道设置机械风井和活塞风井。

4）各系统对比

只采用通风的开式系统主要应用在我国的北方，在我国夏热冬冷和夏热冬暖地区是不适合采用的。

（1）站台门系统的特点

站台门设立了一道安全屏障，可防止乘客无意或有意跌入轨道；站台门可隔断列车噪声对站台的影响；同等规模的车站加装站台门系统冷量为未加装站台门系统冷量的2/5左右，相应的环控机房面积可减少1/3左右，年运行费用仅是闭式系统的一半。站台门系统的特点如下：

①提高了安全性。

②降低了车站与隧道间的空气对流，减少了车站冷负荷损失，提高了车站空气洁净度，降低了列车进站带来的噪声。

③便于有效组织气流。

④增强活塞效应，利于隧道的活塞通风。

⑤节约通风空调系统的初投资、运行费用和土建初投资。

⑥站台门系统本身将增加初投资和运营费用。

（2）开、闭式系统的特点

车站和区间隧道内设计温度和气流速度在不同工况条件下符合设计要求，环控工况转换简明，站台视野开阔，广告效应良好，但其相对站台门系统，带来冷量大、所需环控机房面积大、耗能高。此外，站台层环境受列车噪声影响。开、闭式系统的特点：

①隧道通风系统运行方式根据室外气候变化可采用开式或闭式运行。

②乘客有跌入轨道的可能。

③不利于紧急工况下有效组织气流。

④由于受活塞风的影响，车站的温度场、速度场无法维持稳定，同时车站空气品质也较难控制。

⑤通风空调系统的初投资、运行费用和土建初投资较大。

2. 公共区通风空调系统设备

公共区通风空调系统设备组成的通风系统习惯称为"大系统"，同时兼作车站公共区排烟系统。公共区通风空调系统一般由组合式空调机组、空调新风机、回排风机、消声器、电动组合风阀、多叶调节阀、防/排烟防火阀、新风井、风道、混合室和风管等设备组成。环控系统的控制对象是组合式空调机组、空调新风机、回排风机、各类电动风阀。这些设备一般都是两态设备，而回排风机有时也设计成三态设备。风阀一般设计成不可调节的固定开度。

大系统主要设备一般集中、对称地分布于车站站厅层两端的环控通风机房，机房内一般分别设置1台或2台组合式空调机组，每台机组对应1台回排风机；车站每端设置1台空调小新风机，提供车站公共区小新风工况的新风量。

3. 车站设备与管理用房通风空调系统设备

小系统指车站设备管理用房通风空调系统（兼排烟系统）。小系统由空气处理机、送风机、回排风机、排风机、消声器、（耐高温）多叶调节阀、防/排烟防火阀、风管等设备组成。环控系统的控制对象是空气处理机、送风机、回排风机、排风机、各类电动风阀。小系统设备一般位于车站站厅层两端的环控机房和小系统通风机房内。

4. 空调水系统设备

空调水系统设备指车站制冷空调循环水系统，由冷水机组、冷冻泵、冷却泵、冷却塔、集水器、分水器、膨胀水箱、二通调节阀、输水管道等设备组成。环控系统的监控对象是冷水机组、冷冻泵、冷却泵、冷却塔、差压调节阀、二通调节阀等。其监测点是冷冻水供回水温度、冷却水供回水温度等。

供冷方式分为集中供冷和分站（独立）供冷。集中供冷是城市轨道交通沿线设置一个或多个集中冷站，每个冷站负责多个车站的冷量供应。独立供冷是在车站内部设置一个冷站，并只负责本站的冷量供应。对于独立供冷，车站站厅层一端设置一座冷冻机房，用于安放冷水机组、冷冻泵、冷却泵、分水器和集水器设备，地面安放冷却塔和膨胀水箱。

水系统为车站公共区及车站设备管理用房空调器提供冷源，冷源是冷冻水。水系统由冷冻水循环和冷却水循环两个循环组成。环控系统调节点一般是末端装置，即调节阀。

大系统的水系统包括大系统组合空调、二通阀、碟阀。

小系统的水系统包括站内冷水机组和其相关设备，如小系统空调机、二通阀等。

5. 各类传感器、执行器

传感器、执行器等设备主要用于环控系统，如用于检测空气参数的温度传感器、湿度传感器（分室内、室外及风管式）、二氧化碳浓度传感器等。空调水系统用的压力传感器、压差传感器、变送器、电磁流量计、水管式温度计，感温元件一般是PT100或PT1000的热电阻，经变送器转换为标准0~10V信号。这些设备一般输出0~10V或4~20mA标准信号。执行器用于调节二通阀、压差调节阀开度，可接收0~10V的控制信号。它直接通过输入输出设备与环控系统相连。

三、隧道通风系统

1. 区间隧道通风系统

区间隧道活塞风与机械通风系统（兼排烟系统）简称TVF系统。当列车正常运行时，利用列车产生的活塞风与室外空气进行置换，排除区间隧道内余热、余湿。当发生火灾时，列车停在区间隧道内，则开启火灾区两端的TVF风机、射流风机，提供新风，诱导乘客撤离火灾现场。根据列车火灾部位决定排烟方向。当列车被阻塞在区间隧道时，视情况开启TVF风机，保证列车空调器能正常工作。正常情况下，每日城市轨道交通运营前0.5h和运营结束后0.5h运行风机，进行早晚清洁通风，排除空气异味，改善空气质量。隧道通风系统工作原理如图3-3所示。

隧道通风系统的组成

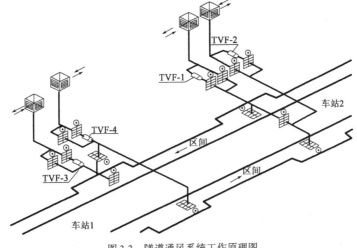

图3-3 隧道通风系统工作原理图

车站范围内、站台门外、站台排热和车行道顶部排热系统,简称 UPE/OTE 系统。

2. 站台排热系统

在车站两端的排风道内各设置一台排热风机(OTE),与列车顶排风道相连接,正常运行时对轨行区进行排热通风。在站台层设备小端和设备大端,从排热主风道接出金属风管至站台层公共区,通过控制电动风阀切换,在站台公共区发生火灾时,利用 OTE 对站台层公共区辅助排烟。站台层轨行区火灾时,利用车站 OTE 通过列车顶排风道对轨行区进行排烟。

3. 排烟系统

1)排烟系统组成

排烟系统按车站站厅和站台、区间隧道及设备管理用房分别设置。

(1)站厅和站台排烟系统

站厅和站台排烟系统一般是正常通风的排风系统兼用的。该系统应满足正常排风及火灾时排烟的要求。

(2)区间隧道排烟系统

区间隧道排烟系统宜用纵向一送一排的推拉式系统。排烟设施最好与平时的隧道通风兼顾。一般在车站的两个端部各设机房,一台风机对一孔隧道,两台风机互为备用,也可并联运行。风机为可逆式轴流风机,正转可排烟,其反转时的风量与风压应满足排烟要求。

(3)设备管理用房排烟系统

设备管理用房排烟系统是根据设备管理用房的要求设置的,应根据相同的使用要求划分在一个系统中,最好与平时排风系统兼用。

2)排烟系统运行方式

排烟系统的运行应根据城市轨道交通防灾系统的指令进行,由防灾中心统一安排。排烟系统一般是根据不同的火灾地点采用不同的运行方式,主要分为以下三种:

(1)当车站站台着火时,应在站台排烟,由站厅送风,使站台的楼梯口处形成一股由站厅流向站台的气流,其速度应大于 3m/s。乘客由站台向站厅方向撤离。

(2)当站厅着火时,由站厅排烟,站台送风,使站台保持一定的正压。新鲜空气由站厅的出入口进入站厅,乘客迎着新鲜空气流进方向,由出入口向地面撤离。

(3)当列车在区间隧道内着火时,应尽可能将列车驶至车站,让乘客撤离。此时由该车站站端的风机排烟,并按站台着火的方式运行。一旦列车不能驶至车站,出现下列三种情况时,应采取不同的运行方式。

①列车头部着火。当列车因故停留在单线区间隧道内时,乘客不能从列车的侧向撤出,只能由尾部安全门进入隧道向出站方向的车站撤离。此时,由列车进站方向的风机排烟,由出站方向的风机送风,引导乘客迎着新风撤离。

②列车尾部着火。乘客的撤离方向与排烟的运行模式恰好与列车头部着火时相反。

③列车中部着火。此时乘客由车头和车尾的安全门同时进入隧道。排烟运行方式为进站方向的风机送风、出站方向的风机排烟。从车头安全门下车的乘客迎着新风迅速向车站撤离。

从车尾安全门下车的乘客要顺着烟气流动的方向迅速撤到连通两孔隧道的联络通道处,由联络通道进入另一孔隧道,迎着送风方向撤离。虽然有一小段路程乘客的撤离方向与烟气流动方向相同,有被烟气熏倒的可能,但由于火灾初起阶段,隧道中心区域尚未被烟气侵入,只要有组织地、争分夺秒地在烟气充满隧道前撤离,就不会被烟气熏倒,否则相当危险。

综上所述,适当设置联络通道是非常重要的。根据规定,联络通道的距离最好不大于300m。

四、环控系统控制方式

从系统组成角度来说,环控系统包括中心环控系统、车辆段环控系统和车站环控系统。如果设置集中冷站,则环控系统还包括集中冷站环控系统。完整的环控系统或完整的环控系统功能系统是一个以骨干网为基础的、地理上分散的、分层分布式的大型综合监控系统。

环控系统在横向呈分布式的集散型结构(图3-4),各个车站的环控系统因车站沿城市轨道交通线路呈地理上分布式结构,因此整个环控系统也是以车站环控系统为单位的地理上分散的综合监控系统。在车站,根据相关设计规范的要求,车站环控系统由多个控制器和统一的监控设备构成一个集散型系统(DCS)。

环控系统结构

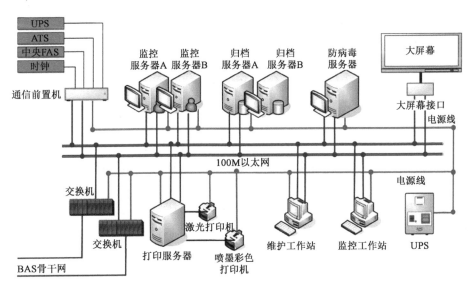

图3-4 环控系统结构图

1. 中央级监控系统

中央级监控系统是整个环控系统的监控核心,其功能设计应面向城市轨道交通运营和维护,突出日常调度和防灾指挥功能,支持全局性的监控和管理,并实现用于调度和运营管理的数据设备、关键设备(TVF风机等)的遥控、组控及模式控制等功能,为环控调度员及维修调度员提供用于运营管理的、全

中央级监控系统功能

局性的、可实现区域性监控操作的、各类高效且实用的监控手段。

1) 设备监控与管理

(1) 设备监控及操作

①OCC 应提供遥控单一设备或设备组的功能,如对设备的启停、高低速、正反转、开关、(维修)工作许可等进行控制操作。

②OCC 可以通过遥控操作,设置某个设备的工作许可,一旦设置成功,该设备将离线,不参与工艺过程,现场控制器将停止对其控制,直到操作员复位。

③OCC 应实现针对环控系统的全局性监控和调度管理功能,如隧道通风系统的模式控制等。对于车站设备,可以实时监视它们的运行,但不进行控制操作。

④对于某台(类)设备,在 OCC 中不仅要监控其运行状态,还要监控其受控状态。在中心监控工作站上应清楚地标明各设备由哪里操作控制(如控制权在哪里,哪些设备在线,哪些设备离线,哪些设备受控,哪些设备失控等),从而为运营及调度决策提供依据。

⑤由系统管理员负责在其系统中心级和车站级之间分配控制权限,以及对同等权限指定优先级。

(2) 全局性监控及检索查询

①在 OCC 中,环控系统操作员站不仅可以查看各车站的图表概貌和事件概貌,包括平面图、系统图、设备属性列表、事件记录列表,还可以看到全线隧道系统概貌图、全线各类关键设备的总览图。环控系统提供强大的查询和检索实时库的功能,为运营和调度决策提供便利。

②在事件记录列表中,可以查看系统的所有操作记录、设备状态变化、报警信息,并可根据多种条件灵活地检索和自定义查询,查询结果可以被打印、保存。

(3) 统计管理

①在 OCC 中,环控系统应具有统计分析功能,为企业信息系统提供原始数据。各车站、冷站的所有设备信息和系统运行信息都可在 OCC 显示、记录。记录这些信息的一个主要目的是为系统的运营提供更加具体的参考和帮助,为数据分析提供素材。

②在 OCC 中,环控系统可计算全线主要设备的故障率、运行率、平均运行时数、各种峰值以及电能消耗的极大值、极小值和平均值。基于这些计算结果可以生成班次、周、月、季度、年报表。

(4) 报警管理

①环控系统操作员站的报警管理支持并实现所有报警信息的记录、显示、过滤、检索、打印、保存等功能。报警系统具有声光报警、逐条报警帮助、报警确认等功能。

②为了防止大量预知的报警信息显示,报警系统支持报警雪崩管理和基于设备的报警禁止功能;报警系统具有在线修改模拟量的报警上限、上上限、下限、下下限、报警死区等功能。

(5) 趋势管理

①可以显示各车站数据的实时趋势和历史趋势。

②环控系统应支持一个页面同时记录多个实时趋势图的信息量。

③操作员能选择自动、手动或基于触发的自动方式启动趋势记录功能。

④趋势图应可以用多种方式显示,如曲线图、柱状图或饼图等。

(6) 事件管理

①在 OCC 中,环控系统应具有事件管理功能。

②事件记录可以记录各车站环控系统中所有预定义的操作、设备状态变化、所有报警事件,所有的信息都是带时标的,与操作有关的信息可以带操作员信息。

　　a. 操作员可以查询一段时间内某个特定类型的事件。

　　b. 操作员可以定义查询选项的组合作为查询条件,并可打印和保存查询结果。

　　c. 所有的事件能自动记录到历史数据库中。

③通过事件过滤器可以对事件列表进行分组。

(7)报表管理

①在 OCC 中,环控系统应提供完善的、灵活的、基于所见即所得的基本思想设计的报表系统。

②在运行期间,操作员可以查看和编辑报表信息。

③报表的打印应支持多种方式,如定时打印、手动打印或事件驱动等。

④报表可组态成日报、周报或月报,可以在屏幕上显示,也可以打印。

⑤当设备发生故障时,环控系统可以自动向报表数据库中添加一条报告信息。

⑥操作员应可以选择报表模板、输入数据和文字、存储报表。

2)运营调度及管理

OCC 的模式控制与操作包括:一是对隧道系统的非正常及灾害模式和早晚换气模式进行控制,二是给车站系统提供模式表。

(1)模式监控与操作

①早晚换气模式。环控系统中央级控制根据系统运营时间和系统参数设置的隧道系统早晚换气时间,自动触发隧道早晚换气模式,由相关车站级控制相应隧道设备动作。

②环控系统中央级的灾害模式控制主要实现隧道发生火灾时的模式控制和操作。

③环控调度员可以通过一个全线的示意图管理阻塞工况。环控系统根据全线工况对每个车站给出阻塞模式的处理建议,环控调度员只需对每个车站确认建议的模式。

④模式控制由 OCC 实现,模式的判断、命令的发出及正确的模式编号的获得成为实现模式的关键所在。

⑤时间判断。根据时间表设定,随时进行时间判断,当满足时间条件时,此时只要处于正常工况,就立即输出相应的模式编号。时间表控制属于自动控制方式。

⑥事件判断,主要针对阻塞和火灾两种典型事件。当列车发生火灾停在某区间隧道,位置信息由列车自动监控系统(ATS)提供,再根据司机和车站的报告,人工确认火灾工况,系统会输出相应的火灾模式编号。该控制模式属于半自动控制方式。

⑦人工干预。手动控制模式是一种后备控制模式。对系统定义的每种控制模式编号,都可通过网络监控系统(MCS)监控工作站、环控系统的车站编程与维护工作站或综合后备盘(IBP)实现手动模式触发。

⑧各车站环控系统只要接收到 OCC 发送的模式编号,将在车站冗余主控 PLC 中检索相应的模式,并检查控制源优先级顺序、控制类型优先级顺序及模式冲突。检查结果表明,该模式可以运行后,PLC 向智能低压控制器发出设备控制指令,执行模式要求的控制任务,并根据现场设备运行情况反馈模式运行成功信息。

⑨在 OCC 中,环控系统应提供一个模式表库,用于模式控制和模式表编辑。模式表库至少可以存储 1000 个模式表。环控系统应支持基于权限控制的模式表编辑、存储和下载功能。

所有的操作过程记入事件日志。修改后的模式表可以立即下载到各车站的环控系统中,并具有回读提示功能。

(2)时间表管理

①OCC可以制定全线各车站的系统运营时间。

②OCC可以查看各车站时间表的运行情况和时间表信息。环控系统至少要提供三种时间表,即当前时间表、预定时间表、特殊日时间表。当前时间表和预定时间表要包括工作日、周末、夜间时段,环控系统至少能存储8个特殊日时间表。

③OCC可以修改每个车站的时间表。时间表修改结束后,可以选择立即下载和定时下载方式传到车站环控系统中。

(3)系统运行参数设置

①OCC应实现对城市轨道交通环控系统的参数化管理功能,通过参数设置来确定系统运行与监控方案。这些参数包括:

a. 系统运行时间、大功率设备启动时间间隔、隧道早晚换气时间、互备设备切换时间、设备运行请求报检时间等。

b. 灾害模式自动/手动触发模式选择、设备故障互备开关、空调系统调节方式中自动/手动加权选择等参数设置。

②参数设置修改完毕后,下载到各车站的控制器中,并具有回读功能,提示操作员是否下载成功。

3)在线帮助与决策支持

在线帮助主要实现对页面显示内容或操作的说明和解释功能。OCC应提供每个页面独立的帮助页,每个弹出窗口的帮助页,以及对各种控制失败反馈信息的解释信息,以便操作员判断下一步的操作。每条报警记录应有详细的帮助说明,通过单击鼠标右键弹出查看。在特殊事件或工况下,应提供基于经验的和取自专家库的决策性支持功能。

4)系统安全管理

(1)OCC应具有完善、灵活的安全控制功能和权限管理系统。系统的权限至少应有多级操作权限。另外,可以设置一个系统自动注销时间,可自动注销当前登录的用户,并可对所有用户的操作进行记录。

(2)应对重要操作增加密码保护。例如,修改运营参数和系统配置参数,使用二级安全控制,针对当前登录的用户,须进行操作密码确认才能操作。

(3)OCC可对全线车站的环控系统操作员和维护人员的密码进行统一管理,实现统一的用户数据库。另外,在紧急情况下,OCC应具有解除车站密码的功能。

5)通用人机界面功能

人机界面(HMI)是人机交互的重要接口。中央级监控系统应提供直观的、生动的人机界面体系。具体的功能应与前述的中央级和车站级功能相对应,即人机界面要成为系统功能完整的、与用户友好的可视化表达。人机界面应可组态。

6)时钟同步功能

时钟同步功能指可以接收信号系统的主时钟信息,并将时钟信息同步到各车站、冷站及车辆段的环控系统。

7）中央级维护功能

中央级维护一般与 OCC 的监控系统集成在一起实现，但有时需要在车辆段建立独立的维护系统、培训系统等，此时该系统的逻辑级别和 OCC 的监控系统是一致的。OCC 监控系统更注重全局的监控及管理，而车辆段系统则更注重环控系统的维护。根据需要，该系统又可作为 OCC 监控系统的后备系统，同样可以实现监控与管理功能。这里简要介绍其维护功能。

(1) 全线环控系统工程管理

环控系统维护系统是全线环控系统工程管理中心，在服务器或维修工作站（也可称为系统工程师站）上应备份全线环控系统工程的原始文件，包括系统设计文件、每个车站的每台 PLC 的控制源程序、每个车站监控软件的组态工程文件、系统详细配置清单、各种图纸资料、系统运行与维修记录等。维修计算机可随时调用这些资料，用于恢复系统或分析系统故障等。

(2) 全线环控系统监控与维护

维护系统的主要监控对象是全线的环控系统设备，通过维修工作站可实现下述功能：

①在线监控全线各站 PLC 的配置情况、运行情况。

②在线监控与诊断 PLC 中各模块的运行情况，如 CPU 状态、后备电池状态、控制网模块状态、以太网模块状态、I/O 状态等。

③在线监控与诊断 PLC 网络情况，包括网络工作状态及参数配置、数据流量、带宽占用率、控制网络负荷情况（峰值与平均负荷）、各网络模块数据负荷与流量、网络中各站点分配情况、通信介质工作状况等。

④在线监控各 PLC 系统中 CPU 模块的内存使用情况、程序周期、数据区数据，特别是和其他系统或设备之间交换的数据（如 MCS 系统）、程序运行等内容。

⑤在线清除 PLC 内部产生的逻辑故障（主要故障、次要故障和非物理损坏）。

⑥在线修改各 PLC 站的配置，强制 PLC 的 I/O 点状态，改变 PLC 的运行方式等。

⑦在线仿真 PLC 程序运行，测试 PLC 程序（不实际输出）。

⑧在线上传、编辑、下载各 PLC 的程序及网络参数。

⑨在线监控各车站维修工作站的状态（在线或离线）。

⑩在线监控各车站环控系统局域网状态。

⑪在线进行全线面向各车站的监控操作权限和用户管理，可动态添加用户、删除用户、更改用户密码、进行不同用户的权限范围设置等。

⑫离线组态并安装各车站监控工程，包括人机界面、数据库、接口驱动等，仿真运行车站监控工程。

(3) 全线后备监控与操作

当出现 OCC 监控系统不能正常工作时，位于车辆段的环控系统维护系统完全可以接管对车站的监控与操作功能，实现后备的功能需求。

通过上述功能和手段，系统维护人员能实时掌握全线系统设备的运行情况，及时制订维修计划，组织人力完成维修工作。同时，应针对维护功能提供一个基于数据库的维修管理工具，使日常的系统维护和管理信息化。

2. 车站级监控系统

车站环控系统可以是一个以车站为单位的相对独立的系统,从而完成车站环控系统功能。

在正常工况下,车站环控系统可以提供灵活多样的、全面的监控方式与手段,实现对车站BAS及其他机电设备的监控操作和实时控制,并通过先进的、实用的控制算法和策略达到节能与优化控制的目的。在非正常工况下,车站环控系统可以提供方便的协调和调度监控手段来满足和应对特殊的工况需求,并根据调度及触发命令完成模式控制。

车站环控系统的主要功能如下。

1) 实时监控与联动控制

实时数据处理和控制主要由各PLC完成,PLC是车站环控系统的控制核心。

环控系统接收来自各种监控及接口设备的操作指令,控制各个被控设备运行,并且保障设备安全运行。同时,环控系统采集并判断各个被控设备、模式、系统的运行状态,经过整理传送至各级监控系统。对于车站空调系统,环控系统能够以焓值计算的方式自动控制各被控设备的状态,调节空间的温度和湿度。

环控系统能够对控制系统本身进行监视和故障诊断,并在出现故障时对被控设备进行保护。

2) 车站环境参数监控

正常工况下,车站通风空调系统承担着营造车站良好的候车与乘车环境的任务。根据工艺设计,车站大系统用于维持车站公共区的温、湿度(主要是温度调节,无直接调湿手段),车站小系统用于维持车站重要设备与管理用房的温、湿度。车站级环控系统应实时监控设置在车站各处的温、湿度传感器值,从而作为控制与调节的依据并在人机界面上实时显示其数据值。这些传感器包括室外温/湿度传感器(一般位于车站新风井)、大系统回风温/湿度传感器、大系统送风温/湿度传感器、大系统出风温/湿度传感器、站厅站台温/湿度传感器(一般每层设置4个,实际控制时取其算术平均值或加权平均值作为站厅或站台的实际平均温度)、信号机械室温/湿度传感器、通信机械室温/湿度传感器等。

3) 车站空调系统控制

环控系统通过与冷机控制器通信,采集空调水系统的相关参数值,如供回水压力、温度、流量、制冷量、机组运行状态、联锁设备运行状态等参数;通过硬线方式直接读取冷水末端(包括冷站水系统末端)相关传感器参数值,如流量、压力、压差、温度及二通阀开度等参数值;根据工艺要求,通过优化算法实现对大系统的水系统的控制,包括风量控制(如果采用变风量系统)、二通阀开度控制、冷机台数控制、集中供冷冷冻水回路压差控制等。

4) 大系统设备的优化与智能控制

正常工况下,环控系统将通过室内外温/湿度值实时计算空气焓值,并自动确定空调工况,控制空调系统的运行工况转换,如盛夏季节,控制空调运行于最小新风工况,最大限度地防止冷量的散失,同时维持车站内的最小新风需求,从而达到节能的目的。当计算出当前季节为过渡季时,则控制空调系统进入全新风工况,尽可能利用室外低含湿量空气,同样达到节能的目的。当空调系统送风温度不小于室外温度时,环控系统则控制空调系统进入通风工况,此时将停止冷机的运行。

为防止一天之内空调工况频繁转换,减少设备损耗,环控系统将对空气参数的运算采用定时处理方式,用户可设定间隔时间,设定时间应不小于0.5h。另外,环控系统将对一段时间内(2~5h,可调整)计算的空气焓值进行算术平均值计算,作为控制空调工况的依据。

5）设备控制

环控系统的被控对象是车站的各种机电设备,环控系统支持下述控制功能：

(1)焓值自动控制。

(2)时间表控制。环控系统支持三类时间表(当前时间表、预定时间表、特殊日时间表,其中当前时间表和预定时间表包括工作日、周末、夜间3套)的运行,同时在车站监控工作站上可以监控任何一个时间表。

(3)单体设备控制。

(4)设备组控制。

(5)模式控制。

环控系统在车站的模式控制与操作包括两方面：①作为OCC的辅助,实现对隧道环控系统的非常模式和早晚换气模式的控制及模式编辑。②执行OCC下发的车站系统模式表,并可手动控制车站系统模式。根据需求,可提供模式编辑功能。

6）防灾联动控制

车站环控系统须完成部分消防联动控制功能,即在车站发生火灾时,能完成对车站防排烟系统的火灾模式控制。根据设计规范的要求,在车站FAS发出的火灾报警信息通过串口接入环控系统。环控系统根据报警信息进行解析,得到发生火灾的具体位置,并且得出相应的火灾模式号。环控系统将解析的结果以报警的形式在车站监控工作站和IBP盘面进行显示,并根据模式号进行模式优先级和冲突判断,如果模式能够执行,则转变为具体设备控制指令,由车站主控PLC分解指令到相关机电设备监控系统控制器中实现设备级的控制。

车站环控系统可有效地应对和处理各种紧急情况,如车站火灾、隧道火灾、隧道阻塞、车站突发事件等特殊情况。环控系统具有与FAS的接口,可实时接收FAS发出的车站火灾信息。车站环控系统可接收来自OCC的模式命令,通过车站监控工作站和IBP均可对车站环控系统发出紧急模式指令。车站环控系统在接收到上述任何一个信息时,应能够在第一时间进入防灾模式,实时控制与调度防灾设备按既定方式运行。

环控系统主控PLC将行使操作优先级和模式冲突判断。主控PLC分别接收来自OCC、车站和IBP盘的(含FAS自动触发的)模式触发命令,主控PLC首先判断触发优先级(建议触发优先级由高到低定义为IBP、PgMT、MCS,分别用不同的数字表示),后判断模式代表的工况(其紧迫程度由高到低为火灾、阻塞、正常,同样用不同的数字表示),通过两者数字的结合便产生了包含触发点与工况信息的最终模式号,将此模式号和当前运行的模式号进行比较,如果不冲突,则执行;如果冲突,则执行模式号大(人为定义)的模式,模式号小的模式自然退出,同时反馈判断的结果,最终完成模式优先级及冲突的判断工作。

7）IBP操作

车站环控系统通过IBP可以实现紧急模式控制功能。在监控系统失去作用或通信发生故障时,IBP作为紧急工况下的后备模式控制人机接口装备;模式控制由环控系统实现;环控系统应完全满足上述需求。

8) 子系统的独立性

车站环控系统中的环境控制系统(ECS)和其他机电设备控制系统(BS)可相对独立工作,具体措施如下:

(1) ECS 和 BS 子系统的被控对象之间无工艺联锁关系。

(2) ECS 和 BS 子系统分别由各自的控制器完成,具有各自独立的现场级设备级网络(I/O总线及模块),控制任务之间没有直接的协调关系。

正常工况下,两个子系统控制器通过车站监控局域网向监控设备反馈各种状态信息,接收各种操作指令。当监控网络发生故障时,上述两个系统可完全保持独立运行,此时的运行方式将保持在最后通信正常时的状态。

同时,为提高系统的通信自诊断和报警能力,环控系统应采取必要措施,如设置监控软件等监视网络及网络上各控制器的运行状态。

9) 智能、优化与调节控制

车站环控系统具有下述智能、优化与调节控制功能。

(1) 设备运行均衡控制

环控系统能够对车站的一些大型设备进行运行均衡控制。例如,在运行前期大多数时间可能只需一个冷水机组即可满足要求。环控系统能够对各个冷水机组的运行时间进行累计,并在达到一定累计值时自动切换至另外一个机组,使各个机组的累计运行时间基本相同。

(2) 互为备用设备的自动切换控制

设备的自动切换控制主要有以下两种方式。①互为备用设备的定时自动切换。其目的是进行设备运行均衡控制。控制方式已经在前文中说明。②设备故障时自动切换至备用设备运行。其目的是保障环控系统运行状态不受故障设备的影响。

环控系统监测被控设备的状态,当被控设备故障时,环控系统将故障信息传送至操作员站,向被控设备发出停止指令,同时自动启动备用设备。

(3) 设备顺控功能

顺控是系统解决众多大功率设备由于同时启动而冲击电网的问题。这种情况常发生在每天运营开始及模式运行时。车站环控系统将随时监测这种情况的发生,并设置顺序启动间隔计时器,每当时间一到则启动一台预启动的大功率设备,从而实现顺控的功能。

(4) PID 调节控制

车站环控系统能够通过 PID 优化算法进行冷水系统供回水压力控制、末端冷量控制(二通调节阀开度控制)等。

(5) 时钟同步

车站环控系统可以接收来自 OCC 的对时信息,同步于时钟系统中的所有 PLC,使其时钟达到与车站时钟信息一致。各个 PLC 均具有内部时钟,可精确至秒。将编制专门的对时程序,用于系统时钟的同步,一般至少 1 天对时一次。

10) 用户友好的监控功能

环控系统的软件平台应提供功能强大的、用户友好的人机界面体系,结合环控系统的实际应用,面向操作与维护人员而设计,如功能键的定义、图标的使用、菜单条的形式等,都要符合人们的日常操作习惯。

在图形显示窗口内,将结合具体工艺情况,提供彩色动态的监控画面,用于表达工艺系统状况、设备运行情况及状态反馈等信息。环控系统应具备但不限于下述界面:

(1)车站地图:以车站平面结构为地图,综合显示各个房间内设备分布情况、运行情况、工况(火灾)等内容,并且支持操作员单击查看系统范围内的任何一个设备详细情况,对其实施操作控制。

(2)环控系统结构界面:该界面用于显示每个车站环控系统的实际构成情况、控制箱柜的相对位置,可监控各个控制器的运行状态、网络运行状态等。

(3)工艺系统界面:该界面包括隧道通风系统、车站大系统、车站小系统、车站空调水系统、给排水设备、电扶梯设备、照明设施、导向设施等;车站环控系统支持对界面内任何一个设备的操作控制。

(4)模式监控界面:该界面用于集中进行模式触发操作和运行反馈信息监视,并且可以监视监控模式的具体运行情况,对模式内各设备的实际运行状态和模式要求状态作动态比较,对模式运行的细节情况可一目了然。

(5)事件监控界面:该界面用于进行事件列表、事件分析。事件记录将详细展示事件发生的时间、具体事件描述、当时的用户等情况,并提供模糊查询功能,用于检索。

(6)报警监控界面:该界面用于集中监控各类各级别和各种报警处理情况,通过不同底色表示不同的报警级别,如无底色表示确认的报警等,并提供模糊查询手段,用于用户检索,提供在线存储和打印功能,用于记录和打印查询结果。

(7)设备列表界面:该界面用于集中监控各个被控对象的情况,包括设备标记、所在位置、当前运行状态、统计信息(累计运行时间、故障次数及检修次数等)等;提供查询手段,用于快速检索某个设备或某类设备,用户可不必翻阅图纸;通过监控工作站即可检索与环控系统相关的任何设备信息,为维护提供便利。

11)系统安全措施

(1)环控系统设置全线统一的用户与权限管理功能,并在车辆段实现集中管理。用户与权限数据存放于服务器中,可查询、更改,并设置身份识别系统,运用双因子加密技术实现系统登录及操作的保护。

(2)通过系统权限及身份识别可有效地区分不同级别人员对系统的监控操作范围,为运营管理提供基本的管理工具;通过用户管理可有效地屏蔽非授权人员的操作,以避免系统发生意外人为事故。

(3)授权用户需利用电子身份证(利用USB接口与监控工作站连接,内部存有个人身份信息,相当于电子钥匙)和密码才能登录系统;系统设置操作定时器,即在规定时间内如检测到无操作,则自动注销用户。授权用户可以在线修改自己的密码。

12)报警监控与管理功能

车站环控系统的报警监控与管理功能和OCC的环控系统相关功能相同。

13)消防联动

车站环控系统除了要具备火灾工况下的防灾联动控制功能外,还要具备对控制范围内的其他设备的联动控制功能,如电源控制、导向控制和站台门控制等。

对电源的控制是通过 BS 子系统来实现的。当 IBP 的 PLC 接收到火灾命令时,或接收到人为车站火灾模式触发命令时,BAS 的 BS 子系统应根据工艺设计要求,联动切除非消防电源及车站三类负荷,待事件处理完毕后,手动解除。

14)系统恢复与保持功能

车站环控系统属于供电一类负荷,通过车站两端 UPS 受电;车站环控系统提供智能接口实现与 UPS 的连接,通过该接口;环控系统可实时、间接监控供电情况,当发现供电中断时;环控系统应在短时间(秒级)内根据情况及事先的工艺设计要求,屏蔽所有设备的控制输出(PLC 的 DO 输出,AO 保持当前值),同时触发报警和记录事件,并且在人机界面屏蔽相关设备的监控操作。当检测供电恢复后,系统按照顺控规则,依次恢复断电前的设备运行状态,使系统快速地恢复正常。

15)系统自诊断和故障处理功能

车站环控系统具备较完善的自诊断和故障处理功能。

(1)PLC 系统的自检测与诊断。环控系统应利用自身功能或通过编程等必要手段甄别自身的各种故障,如各模板(块)故障,这些信息均应实时地反馈给人机界面并可以根据情况触发报警。

(2)UPS 的监控。环控系统应选用质量好的 UPS 产品,该产品应提供智能接口,用于接入控制系统。环控系统通过该接口可实时监控 UPS 的工作状态、各种电量参数及电池状态等。采集的数据可以实时反馈到人机界面供维护人员监控及管理,并根据需求触发报警,如 UPS 的应用情况等。另外,通过监视 UPS 的供电情况,环控系统可以适时采取措施,保护系统的运行环境。

(3)网络状态的监控。环控系统可以通过多种措施监控系统的网络运行状态,包括局域网和控制网。环控系统能够对控制系统中的上述各种状态进行监视,并对故障点进行诊断。当出现故障时,环控系统向监控工作站触发报警,使相关控制程序立即转入紧急处理程序,从而保障被控设备的安全。

16)系统状态监控

对于车站设备的监控,由管理控制系统(包括操作系统和 IBP 盘)、车站环控系统及就地控制设备在逻辑上构成一个多级控制系统,即管理控制系统、环控系统及就地控制设备均可对控制范围内的某个设备进行控制,因此存在多处操作监控的情况。

17)参数化系统

环控系统是一个面向运营维护的、可参数化的系统,或称为用户可组态的系统。

环控系统集成商应将环控系统进行封装,并通过人机界面向用户提供系统运行参数整定界面,用户可对系统运行或控制方式进行在线动态调整,以适应可能变化的需求和不确定因素,从而减少调试时间和程序更改时间,提高调试效率。此时,用户可不必关心底层控制的实现方式,只关心系统的运行问题即可。

在操作权限允许的情况下,环控系统的各级监控工作站可以在线对车站进行参数设置,如环控系统运行、设备控制、空气调节等方面的运营参数。这些参数主要是关于车站系统运行和控制的相关内容,但作为辅助也可设置隧道系统相关的参数。在参数设置时,环控系统能自动进行工艺合理性判断和输入值合理性判断,并有恢复默认值功能,实现快速恢复到存储的默认值。参数设置修改完毕后,下载到环控系统控制器中,并具有回读功能,提示操作员是否下载成功。

这些参数设置如下:

(1)调节参数设置:在线 PID 调节参数整定。

(2)阈值设置:修改模拟量报警的极大值、最大值、最小值和极小值等,调整报警限界点。

(3)现场设备操作参数调整:包括主要设备报检周期、模拟量限定值、互为备用设备的切换时间、大功率设备启动间隔、故障设备的互为备用等。

(4)系统控制方式选择:包括手动、自动(时间表控制)、焓值自动控制。

(5)空调系统回路调节方式选择:包括温度设定、自动加权、手动加权。

(6)自动控制参数:系统运行时间、隧道系统早晚换气时间、车站系统早晚换气的时间、冷水机组启动时间等。

(7)温度传感器选择:操作员可以选择温度传感器以监视和计算车站的平均温度。

(8)冷水机组操作顺序:操作员通过人机界面显示可以对每个车站端冷水机组的操作顺序进行定义,可以在任何时间手动重新调整冷水机组操作顺序。

(9)冷却水泵操作顺序控制:操作员通过人机界面显示,可以对每个冷水机组相关的冷却水泵操作顺序进行定义。

3. 就地级监控系统

就地级监控系统具有如下功能。

1)信号采集、转换及传输功能

通过硬线连接的现场信号有开关量和模拟量两类。开关量输入信号是由中间继电器产生的一个无源触点信号,由被控对象的就地控制箱给出,用来表示该设备的某种工作状态或运行状态。环控系统就地远程 I/O 模块接收该信号,并通过模块内部的光电隔离将该信号转变为计算机可识别的二进制信号,用于 PIC 进行逻辑运算。对于模拟量,一般来自现场的传感器或变送器,如空气参数传感器、水回路传感器等,均是标准信号,即 4~20mA 或 0~10V。环控系统就地远程 I/O 模块接收该类型的信号,并经过 A/D 转换、滤波、线性化等处理过程,将其转变为 PLC 内部可处理的浮点数值用于运算。其他数据是通过通信方式传递的,信号包括电信号和光信号。环控系统通过通信接口装置或转换器接收这些信号,根据事先规定的协议规则接收、解码并整理这些网络或总线传输的数据,形成环控系统可识别和可处理的数据。

2)显示与诊断功能

环控系统对现场设备均具有工作状态指示功能,便于运营维护人员直观地观察。对于 PLC 的远程模块,其表面设有电源状态指示、通道通断状态指示和通信状态指示。通过指示灯不同颜色的变化或闪烁情况,可以基本判断出该模块的状态;同时,该模块具有自诊断功能。

3)数据传输和协议转换功能

数据传输是现场设备的又一重要功能,因为在前端经过数据采集和转换后,需要经过总线将数据送至 CPU 内进行处理,采用远程 I/O 总线技术和控制网技术来实现现场数据的传输。

协议转换是环控系统接口设备的另一个主要功能,通过环控系统的接口开发予以实现。

4)单台设备控制功能

对设备的控制命令信号主要由就地设备完成,如模式控制;PLC 处理器接收到操作设备的命令或 FAS 的触发模式命令后,经过控制优先级及模式冲突判断后产生具体的设备控制命令和联动控制命令,这些命令以布尔量的形式经过 PLC 总线或接口模块传送至就地设备,就地设备将通过 DO 模块驱动中间继电器,通过继电器的触点来实现对设备的控制。

对于调节设备,PLC 输出模拟量信号(4~20mA)用于代表开度值,如二通调节阀,接收到开度信号后其执行机构将控制阀体动作调至规定的开度,从而完成控制命令。

5)联锁控制

设备间的联锁控制及保护是就地 PLC 的主要任务,特别是风回路风机和风阀之间的直接或间接联锁关系。

五、城市轨道交通环控系统设备

总体而言,环控系统设备包括监控设备、接口及控制设备、传感器与执行器三类。

1. 监控设备

监控设备主要包括监控层设备,如网络设备、服务器、监控工作站、维修工作站(工程师站)、打印设备、存储设备、模拟屏或大屏幕等。监控设备用于完成人机交互及数据服务,是环控系统和操作及管理人员的接口设备。监控设备的典型配置如下:

(1)中心监控工作站:采用冗余配置,至少支持双屏显示,可以考虑支持 3 屏,以方便和扩大操作人员的监控视野;可选择高档工控机或工作站级商用机,内存应不小于 1GB。

(2)中心实时数据服务器:采用冗余配置,一般选择 PC 服务器即可,支持双 CPU、独立磁盘冗余磁盘阵列,内存 2GB。

(3)中心历史数据服务器:配置同上。此外,一般还需运行大型关系型数据库,因此硬盘存储空间要大,需考虑能存储至少 10 年的数据。

(4)中心事件打印机:支持行打印,如针打印或喷墨打印;多采用喷墨打印,A3 幅面。根据需要完成实时事件打印。

(5)中心报表打印机:用于各种报表及查询打印,多采用激光打印,A3 幅面较好。

(6)中心模拟监控盘:采用大型马赛克屏,一般用于监控隧道环控系统,经济实用。

(7)中心大屏幕:视情况设置,可以和其他系统共用,内容较模拟监控盘丰富且灵活,但造价较高。

(8)中心交换机:采用冗余配置,最好配 3 层工业级交换机,或视骨干网而定;需具有千兆位口用于服务器,百兆位口用于桌面,且端口需留有余量。

(9)中心打印服务器:选择具有双网口的专业打印服务器,或利用 PC 做打印服务器。

(10)车站监控工作站及实时数据服务器:可选用 1 台高档大容量硬盘的工控机,配冗余电源。

(11)车站打印机:用于报表和查询打印,多采用激光打印,A4 幅面。

(12)车站后备操作盘:用于提供应急模式控制和关键设备监控。

(13)车站两端图形操作终端:支持彩色图形界面,10 英寸即可,支持触摸操作,可以直接挂接在控制网(或现场总线)或控制器上,分别安装在车站两端环控系统控制机房,用于就地监控与操作。

2. 接口及控制设备

接口及控制设备构成了环控系统的控制层,包括各种通信接口设备、控制器等。

1) 控制器

(1) 控制器类型选择:采用"开放系统+HMI+PLC"。

(2) 控制器的设置及数量:在设备集中地或工艺上相对独立的设备(组)设置就地控制器。

(3) 控制器档次:通常一个车站被控对象的I/O点一般不会超过1500点,加上通信点,一个车站环控系统需要处理的点数不会超过5000点。

2) 接口设备

由于环控系统需要监控和管理各种机电设备,而有些设备是智能设备,如电扶梯、站台门等。环控系统需要专用的接口设备用于与这些设备连接。针对这种情况,环控系统专门设置一台通信转换装置。该通信装置专用于对各种异步通信接口的处理。

3. 传感器与执行器

传感器与执行器同样是环控系统的重要监控设备,它们构成了城市轨道交通环控系统的末端装置,是直接影响环境控制质量的装置。环境控制是环控系统的主要控制内容。传感器的灵敏度、精度、可靠性和耐用性决定了环控系统的控制与调节质量。实践证明,传感器与执行器需选择工业级产品。

六、城市轨道交通环控系统网络组态

网络通信是构成环控系统的主要环节,是支撑环控系统三层结构、传递环控系统各种数据的基础平台。构建车站环控系统,网络是关键。

1. 控制网

控制网是指用于控制器之间传递实时数据的网络,在应用中以PLC制造厂商提供的专用网络较多。控制网的特点是可靠性高,冗余措施较完备,其实时性和确定性一般通过特殊的协议及传输机制加以保证。因此,对时间有苛刻要求的数据和控制器之间的联锁信息适合采用这类网上传输。

城市轨道交通环控系统网络组态的基本概念

车站环控系统的各控制器分布在车站的两端,因此连接这些控制器的网络线缆将跨越车站,通信距离相对较长,考虑系统的可靠性和抗干扰性,该网络多采用冗余配置的环网拓扑结构,介质为光纤,冗余配置的网络线缆最好选择不同的敷设路径,以提高系统的可靠性。

2. 车站监控网

车站监控网一般选择以太网,符合IEEE802.3(U)规则,其拓扑结构为星形或环形。一般选择交换式快速(百兆)以太网。随着以太网环网技术的成熟,其产品用于工业控制系统中。工业级的以太网交换机支持环形、星形及混合型结构,并可提供基于协议和端口的虚拟局域网功能。

七、城市轨道交通系统供电与接地

1. 接地的基本概念

接地描述的是供电系统中电气装置或电气设备的某些导电部分与地的电气连接关系。接地是维护系统和设备运行可靠性、稳定性,保护设备和人身安全,防止雷电危害,抑制电磁干扰等必不可少的措施。接地处理正确与否,对供电系统安全运行、保护设备绝缘免受异常过电压破坏、防止人身遭受电击有重要的作用。

在供电系统中,接地的范围很广。凡是电气系统及设备都涉及接地问题。接地问题就是要说明电气系统及设备对地的关系,其中"地"的概念包括大地,或指范围更加广泛、能用来代替大地的等效导体,如飞机、轮船的金属外壳等。另外,需要说明的是,"不接地"也是接地的一种形式。

在城市轨道交通工程中,关于地的概念也很多,有大地(Earth)、结构地(Tunnel Earth)、牵引系统地(Traction System Earth)等。其中,牵引系统地是指为直流牵引供电系统回流用的走行轨(the running rail)。

在供电系统的接地论述中,接地一般指与变电所接地母排直接连接,或通过设备中的接地排与变电所接地母排连接,而不是指与埋在大地内的接地极直接相连。

2. 接地的分类

按照供电系统电流制式和频率不同,接地可分为交流供电系统的工频接地、直流牵引供电系统的接地和雷电及过电压的冲击接地三种。按照供电系统电压等级不同,接地可分为高压系统的接地、中压系统的接地和低压系统的接地。

接地按其作用可分为两类:第一类是功能性接地,这是为了系统正常运行的可靠性及异常情况下保障系统的稳定性而设置的,如工作接地、电磁兼容接地等,主变压器、配电变压器的中性点接地就属于工作接地。第二类是保护性接地。这是以人身安全和设备安全为目的而设置的,如保护接地、防雷接地、过电压接地、防静电接地等。目前,接地的分类多按其作用进行划分。

1)工作接地

工作接地是处理系统内电源端带电导体的接地问题,是为了保证供电系统的正常运行,防止系统振荡,保证继电保护的可靠性。例如,工作接地采用直接接地方式,可在系统发生接地故障时,产生较大的接地故障电流,使继电保护迅速动作,切除故障回路。

2)电磁兼容接地

电磁兼容接地是为了保证器件、电路、设备或系统在其电磁环境中能够正常工作,且不对该电磁环境中的任何器件、电路、设备或系统构成不能承受的电磁干扰。

3)保护接地

保护接地是为了防止电气设备绝缘损坏,或产生漏电时,使正常运行不带电的电气设备、外露可导电部分或电气装置外露可导电部分带电而导致电击危险。保护接地能够在设备绝缘破坏时,降低电气设备外露可导电部分对地的电压,从而降低人身接触该可导电部分对地的接触电压。另外,保护接地还为接地故障电流提供返回电源的通路,但只有系统接地为直接接地或小电阻接地时,才会形成较大的故障电流,保护装置快速动作,切除故障回路。

4）防雷接地

防雷接地是为雷电流提供导入大地的通路，防止或减轻建筑物、构筑物、电气设备等遭受雷电流的破坏，防止人身遭受雷击。防雷接地分为直击雷接地和雷击感应过电压保护装置接地。直击雷接地是指将接闪器引导的雷电流经过防雷引下线引至接地极。直击雷接地通过防雷装置进行防护，由接闪器、防雷引下线和接地极组成。对雷电感应过电压应设置避雷器保护。避雷器安装在配电装置（如开关柜）内，一端与相线连接，另一端接地。当雷电感应过电压超过避雷器的放电值，避雷器被击穿，从而保护电气设备绝缘不被损坏。

5）过电压接地

过电压接地是为系统运行产生的异常电磁能量提供向大地释放的通路，避免设备绝缘损坏。过电压保护设备也是避雷器或阻容吸收装置，其一端接在相线上，另一端接地。当内部过电压超过避雷器的放电值，避雷器被击穿，从而保护电气设备绝缘不被损坏。

3. 综合接地系统

综合接地系统是指供电系统和需要接地的其他设备系统的工作接地、保护接地、电磁兼容接地和防雷接地等采用共同的接地装置，并实施等电位联结措施。目前，城市轨道交通工程多采用综合接地系统。

在供电系统中，同时存在多个用于不同目的、不同用途的接地系统，这一点在接地分类中已进行了说明。在交流系统中，任一电压等级都同时存在工作接地和保护接地的问题。例如，110/35kV 主变电所中存在 110kV 设备的保护接地、35kV 系统的工作接地和 35kV 设备的保护接地；车站 35/0.4kV 降压变电所中存在 35kV 设备的保护接地、0.4kV 系统的工作接地和 0.4kV 设备的保护接地。

城市轨道交通工程中的通信等其他设备系统也需要设置用于设备正常工作以及设备和人身安全的工作接地、防雷接地和保护接地，因此，一个车站要求接地的系统和设备很多。根据接地装置的要求，可以共用接地装置，也可以分设接地装置。但需要注意，分设接地装置时，强电和弱电接地装置需要相距 20m 以上。在分设不同的接地装置时，若距离不能满足要求，由于接地装置电位不同有可能带来不安全因素，不同接地导体之间的耦合影响也难以避免，会引起相互干扰。因此，城市轨道交通工程多采用综合接地系统。各类接地可以采用单独的接地线，但接地极和"等电位面"是共用的，不存在不同接地系统接地导体之间的耦合问题，也避免了采用不同接地导体时产生的电位不同问题。综合接地装置的接地电阻值按照接入设备的要求和人身安全防护的要求等方面综合确定。综合接地装置的接地电阻值必须不大于接入设备所要求的最小接地电阻值。

综合接地系统一般由共用接地极引出两个接地母排，即一个强电接地母排和一个弱电接地母排，分别用于供电系统和通信信号等弱电系统的各类接地，如图 3-5 所示。

4. 等电位联结

在电气装置间或某一空间内，将金属可导电部分（包括电气装置外露可导电部分和电气装置外部可导电部分）以恰当的方式互相联结，使其电位相等或相近，此类连接称为等电位联结。对设备和人身安全造成危害的电气问题，都不是因为电位的高或低引起的。人身遭受电击、电气火灾的发生和电子信息设备的损坏，主要原因是由电位差引起的放电造成的。因此，消除或减少电位差,是消除此类电气灾害的有效措施。采用等电位联结不仅可以有效地消除或减小各部分之间的电位差,还可以有效地防止人身遭受电击、电气火灾等事故的发生。

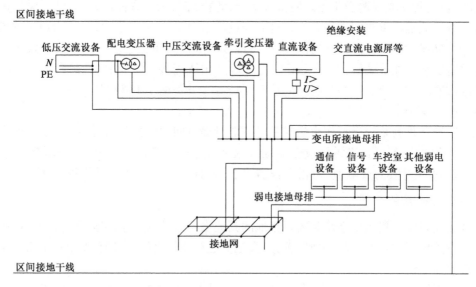

图 3-5　综合接地系统

等电位联结可分为总等电位联结、辅助等电位联结和局部等电位联结三种。

1)总等电位联结

总等电位联结是将可导电部分(包括总保护导体、总接地导体或总接地端子)、建筑物内的金属管道(如通风、空调、水管等)和可利用的建筑物金属部分进行连接,以降低车站、建筑物内间接接触电压和不同金属部件间的电位差,并消除自建筑物外经电气线路和各种金属管道引入危险故障电压的危害。总等电位联结图如图 3-6 所示。

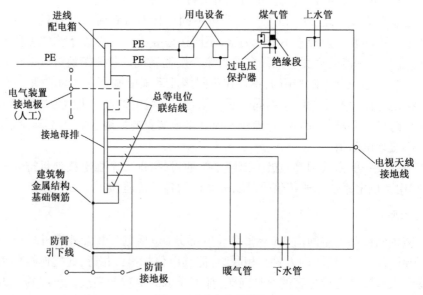

图 3-6　总等电位联结图

2）辅助等电位联结

辅助等电位联结是将可同时触及的两个或几个可导电部分进行电气连通,使它们之间的故障接触电压小于接触电压安全限值。

3）局部等电位联结

局部等电位联结是指在某个局部电气装置范围内,通过局部等电位联结板,将该范围内电气设备外露可导电部分和外部可导电部分等进行电气连通,使该局部范围内,故障接触电压小于接触电压安全限值。

综上所述,等电位联结是安全接地的重要内容,是间接接触防护的主要措施。它不是强调与地的联结,而是要求人身所能同时接触到的、电气系统正常运行不带电而异常时可能带电的设备外露可导电部分(金属外壳)和设备外部可导电部分相互之间电气连通,从而避免或减小两者或多者之间的电位差,防止发生人身触电危险。其中,总等电位联结和局部等电位联结能够避免从接触的可导电物体外部引入的异常电位造成的接触电压危害,如雷击、中压系统接地故障引起的异常高电位危害。辅助等电位联结能够避免接触可导电物本身(如低压设备外壳)所在系统产生漏电带来异常电位的危害。

5. 交流接地系统

交流接地系统指包括高压、中压和低压配电系统的工作接地、保护接地、防雷接地、过电压接地等。

城市轨道交通交流供电系统的电压等级一般有110kV、35kV、10kV、0.4kV等,其接地内容包括工作接地、电气装置的保护接地、防雷接地、过电压接地等。

(1)交流接地系统的工作接地包括电源中性点、中性线、保护中性线、电流互感器、电压互感器、三工位负荷开关、接地开关等接地。其中,电源中性点、中性线、保护中性线的接地是指主变压器、配电变压器中性点的接地方式,与变电所接地母排是直接连接关系;电流互感器、电压互感器、三工位负荷开关、接地开关等接地设备或电气元件均设在成套开关设备中,这些接地不是直接与变电所接地母排单独连接,而是先与开关设备中的接地排相连,通过设备的保护接地线与变电所接地母排相连。

(2)电气装置的保护接地为各种电气装置外露可导电部分与变电所接地母排的电气连接。

(3)防雷接地指接闪器通过防雷引下线与大地的连接。

(4)过电压接地是为防止过电压击穿设备绝缘而设置避雷器的接地。避雷器也设在开关设备内。因此,避雷器的接地端与开关设备接地排相连接,通过开关设备的保护接地线与变电所接地母排连接,实现接地。

课后习题

一、填空题

1. 狭义的 BAS 是指_____环控系统、_____环控系统和_____、控制系统。
2. 城市轨道交通环境与设备监控系统按照被控设备作用分类可划分为_____控制系统和_____控制系统两类。

3. 环境控制系统由_____系统和_____环控系统组成,具体包括_____、_____、_____和_____。

4. 从系统组成的角度来说,BAS 包括_____ BAS、_____ BAS 和车站 BAS。

二、简答题

1. 简述城市轨道交通机电设备控制系统的组成。
2. 简述环控大系统组成。
3. 简述环控水系统的作用及组成。
4. 简述车站通风系统的工作制式。
5. 简述车站 BAS 消防联动控制的功能。
6. 接地都有哪几类?保护接地的主要作用是什么?

三、论述题

1. 论述环控系统控制系统中央级监控系统的相关内容。
2. 论述城市轨道交通环控系统网络组态的相关内容。

学习任务三　城市轨道交通环境与设备监控系统接口

 课前思考

环控系统与城市轨道交通上的很多系统或设备都有关联,如发生火灾时,城市轨道交通的 BAS 需要与 FAS 进行信息交互,完成火灾模式的下的应急响应。请大家再想一想,除了 FAS 外,BAS 还与哪些系统有信息的交互?

必备知识

环控系统作为综合监控系统数字信息共享平台下的子系统,需要与大量的末端设备存在接口通信,包含 SVF、TVF、智能低压、通风空调系统、风冷冷水机组、给排水系统、照明系统、热风幕系统设备的监控和多联分体空调、电扶梯系统、电梯系统、EPS、人防门设备的监视。BAS 与其他系统主要采用两种接口通信方式,即串口 Modbus 方式和硬接线方式。

BAS 是一个集成系统,为了保证各专业之间接口的协调和标准化,需要通过各种接口方式实现对被监控对象的监控,如通信接口、信号接口、控制大屏接口、GPS(时钟)接口、综合信息接口、FAS 接口、电梯接口、扶梯接口、冷站接口、低压配电接口、风阀(组合风阀、单体风阀)接口、照明(工作照明、节电照明、广告照明、区间照明、事故照明)接口、导向系统接口、安全门接口、人防门(防淹门)接口及门禁系统接口等。BAS 接口处理主要在就地控制级和车站级完成,形式有硬线 I/O 接口、低速率异步串行接口和网络接口三种。BAS 接口分布图如图 3-7 所示。

FAS 系统接口
的基本概念

项目三 城市轨道交通环境与设备监控系统

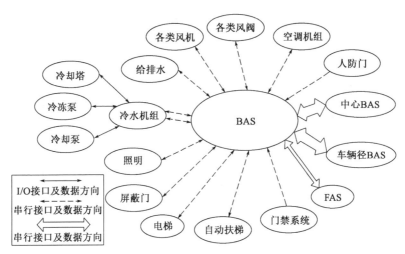

图 3-7 BAS 接口分布图

一、与 BAS 内部接口

一般 BAS 内部和空调机组、风机和风阀等环控设备间的电气控制接口采用硬线 I/O 接口，主要有以下四种：

(1) 开关量输出(DO)，即 BAS 提供给相关专业的开关量信号，要求为有源接点，接点为单独，不与其他系统共用。

(2) 开关量输入(DI)，即相关专业提供给 BAS 的开关量信号，要求为无源接点，接点为单独，不与其他系统共用。

(3) 模拟量输出(AO)，即 BAS 提供给相关专业的模拟量信号，要求为有源接点，接点为单独，不与其他系统共用。

(4) 模拟量输入(AI)，即 BAS 提供给相关专业的模拟量信号，要求为无源接点，接点为单独，不与其他系统共用。

BAS 内部和站台门系统、电梯、照明、自动扶梯等通过标准 RS485 接口，与中心 BAS 及其他外部系统通信通过标准 Ethernet 接口，接入 BAS 主干网络。

二、与 SVF、TVF 风机接口

1. 通信协议

SVF、TVF 风机向 BAS 提供 RS485 和硬接线两种接口。其中，通信协议采用 Modbus RTU 标准协议，使用主-从技术实现信息交换，即 BAS(主设备)能初始化传输(查询)，SVF、TVF 风机(从设备)根据主设备查询提供的数据做出相应响应；BAS 接收 SVF、TVF 风机远程/就地、风机正/反转启动控制和风机停止的数字量信号。

2. 接口位置

由 BAS 提供的电缆敷设到 SVF、TVF 风机控制柜端子上，并负责电缆引入及接线，如图 3-8、图 3-9 所示。

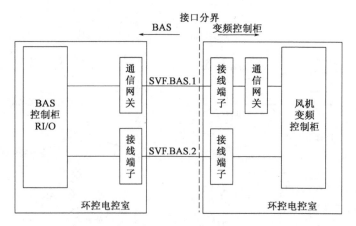

图 3-8　BAS 与 SVF 风机的接口

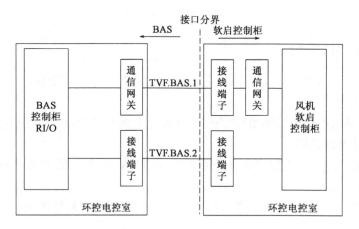

图 3-9　BAS 与 TVF 风机的接口

3. 接口功能

BAS 按照与 SVF、TVF 风机通信协议中规定的格式向 SVF、TVF 风机发送数据索要信息帧,SVF、TVF 风机控制器在收到信息帧后,也按通信协议中规定的格式向 BAS 发送 SVF、TVF 风机的状态、故障和报警等信息。BAS 与 SVF、TVF 风机的功能接口表见表 3-1。

BAS 与 SVF、TVF 风机的功能接口表　　　　表 3-1

编号	功能要求	BAS	变频/软启控制柜	备注
变频/软启控制柜.BAS.1	在 BAS 与变频/软启控制柜之间建立通信通道,实现对 SVF、TVF 风机的自动监视和控制	(1)监视所有变频/软启控制柜故障状态、启/停状态、正/反转状态、就地/远程状态; (2)对车站风机进行启/停控制; (3)监视故障报警信息并进行处理	(1)变频器根据 BAS 的设定值,调节输出频率,并在状态反映中反馈实际转速; (2)向 BAS 上传所有变频/软启控制柜的运行状态和故障信息。 (3)上传风机的运行状态、故障状态、报警信息等	

三、与智能低压接口

1. 通信协议

智能低压向 BAS 提供 RS485 接口,通信协议采用 Modbus RTU 标准协议,使用主-从技术实现信息交换,即 BAS(主设备)能初始化传输(查询),智能低压(从设备)根据主设备查询提供的数据做出相应响应,主要设备有新风机组(KX)、空调机组(KP)、送风机(S)、排风机(P)、区间新风机(TAF)、回排风机(HP)和人防送排风机(RF)等。

2. 接口位置

由 BAS 提供的电缆敷设到智能低压控制柜端子上,并负责电缆引入及接线,如图 3-10 所示。

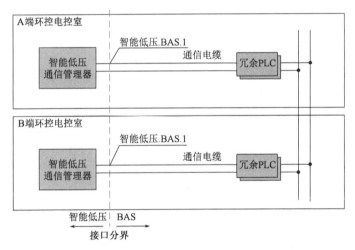

图 3-10　BAS 与智能低压的接口

3. 接口功能

BAS 按照与智能低压通信协议中规定的格式向智能低压发送数据并索要信息帧,智能低压控制器在收到信息帧后,也按协议中规定的格式向 BAS 系统发送智能低压的状态、故障和报警等信息。BAS 与智能低压的功能接口表见表 3-2。

BAS 与智能低压的功能接口表　　　　表 3-2

编号	位置	BAS	智能低压系统	接口类型
智能低压.BAS.1	在车站 A、B 端环控电控室内,智能低压环控柜内的智能通信管理器通信接口上	提供并敷设、安装从 BAS 的 PLC 到智能低压通信管理器的总线电缆以及所需的控制网络分散器(TAP)头、终端电阻;负责调试	提供智能低压通信管理器以及安装 TAP 头的空间及导轨;负责通信协议的转换;配合 BAS 进行调试	通信接口

四、与通风空调接口

1. 通信协议

通风空调向 BAS 直接提供硬接线接口,主要设备有防烟防火阀、排烟防火阀、全自动防烟防火阀、电动排烟防火阀、电动风量调节阀、温湿度传感器[包含车站控制室、信号设备室、信号电源室、通信设备室、通信电池室、公安消防设备室、公共通信设备室、综合监控机房、气瓶间、AFC 设备室、安全门设备室、变电所(含车辆段、停车场)等房间]、二氧化碳传感器、流量传感器、压力传感器、风机仪表箱、固定式空气过滤器、全程电子水处理器、定压补水装置等。

2. 接口位置

由 BAS 提供的电缆敷设到风阀控制箱、传感器端子上,并负责电缆引入及接线,如图 3-11 所示。

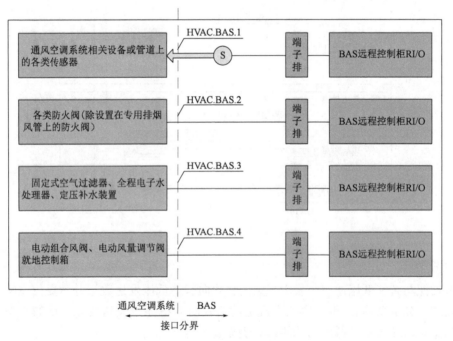

图 3-11　BAS 与通风空调的接口

3. 接口功能

通风空调向 BAS 发送风阀、传感器的状态和故障等信息。BAS 与通风空调系统的功能接口表见表 3-3。

BAS 与通风空调系统的功能接口表　　　　表 3-3

编号	功能要求	BAS	暖通空调系统	备注
HVAC.BAS.1	BAS 采集通风空调系统相关设备及管道的运行状态及参数	采集通风空调系统相关设备及管道的运行状态及参数	根据 BAS 指令对通风空调风系统、水系统进行优化运行	

续上表

编号	功能要求	BAS	暖通空调系统	备注
HVAC.BAS.2	BAS监视各类防火阀(除设置在专用排烟风管上的防火阀)相关状态信息,并远程控制电动防火阀的开/关	根据通风空调系统运行控制要求,通过各类防火阀接线端子输出的电信号完成车站控制、就地控制两级状态显示	给BAS提供通风空调系统运行控制要求和各类防火阀监视要求,实现车站控制、就地控制两级状态监控	
HVAC.BAS.3	BAS采集通风空调系统相关仪表、装置的参数	采集通风空调系统相关仪表、装置的参数	给BAS提供此类仪表、装置的数据与相关联设备的对应关系,实现对设备的自动控制	
HVAC.BAS.4	BAS监视电动组合风阀、电动风量调节阀相关状态信息,并远程控制风阀的开/关	根据通风空调系统运行控制要求,通过电动组合风阀、电动风量调节阀接线端子输出的电信号完成车站控制、就地控制两级状态显示	给BAS提供通风空调系统运行控制要求和电动组合风阀、电动风量调节阀监控要求,实现车站控制、就地控制两级状态监控	

五、与风冷冷水机组接口

1. 通信协议

风冷冷水机组向BAS提供RS485和硬接线两种接口。其中,通信协议采用Modbus RTU标准协议,使用主-从技术实现信息交换,即BAS(主设备)能初始化传输(查询),风冷冷水机组(从设备)根据主设备查询提供的数据做出相应响应;BAS接收风冷冷水机组远程/就地和冷冻水循环泵运行的数字量信号,以及电动三通阀开度状态和开度控制的模拟量信号。

BAS与冷水机组接口

2. 接口位置

由BAS提供的电缆敷设到风冷水冷机组控制箱和电动三通阀设备本体端子上,并负责电缆引入及接线。BAS与风冷冷水机组的接口如图3-12所示。

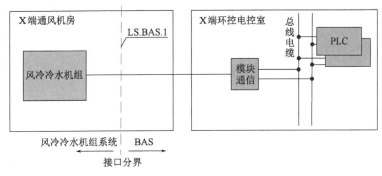

图3-12 BAS与风冷冷水机组的接口

注:"X"表示位于车站的那一端,如"A"表示A端,"B"表示B端。

3. 接口功能

BAS 按照与风冷冷水机组通信协议中规定的格式向风冷冷水机组发送数据并索要信息帧,风冷冷水机组控制器在收到信息帧后,也按通信协议中规定的格式向 BAS 发送风冷冷水机组的状态、故障和报警等信息。BAS 与风冷冷水机组的功能接口表见表 3-4。

BAS 与风冷冷水机组的功能接口表 表 3-4

编号	位置	BAS	风冷冷水机组	接口类型
LS.BAS.1	在车站风冷冷水机组控制箱内接线端子排的通信接口和硬线接口处	配置一块通信模块,用于与风冷冷水机组接口的通信,并负责通信协议的转换;负责风冷冷水机组通信接口至 BAS 控制器的通信电缆的提供与敷设,BAS 控制柜端针头的制作以及风冷冷水机组接线端子排上的接线	提供风冷冷水机组控制箱内的硬线接口、通信接口接线端子及终端电阻,明确端子编号,并在风冷冷水机组控制箱内预留相应的走线空间;负责风冷冷水机组通信拨码开关的设置	通信接口、硬线接口

六、与多联分体空调接口

1. 通信协议

多联分体空调向 BAS 提供 RS485 接口,通信协议采用 Modbus RTU 标准协议,使用主－从技术实现信息交换,即 BAS(主设备)能初始化传输(查询),智能低压(从设备)根据主设备查询提供的数据做出相应响应。

2. 接口位置

由 BAS 提供的电缆敷设到多联分体空调控制柜端子上,并负责电缆引入及接线。BAS 与多联分体空调的接口如图 3-13 所示。

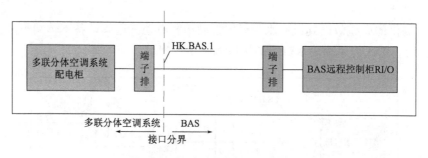

图 3-13 BAS 与多联分体空调的接口

3. 接口功能

BAS 按照与多联分体空调通信协议中规定的格式向多联分体空调发送数据索要信息帧,多联分体空调在收到信息帧后,也按通信协议中规定的格式向 BAS 发送多联分体空调的状态、故障等信息。BAS 与多联分体空调的功能接口表见表 3-5。

BAS 与多联分体空调的功能接口表　　　　　表 3-5

编　号	功能要求	BAS	多联分体空调
HK.BAS.1	BAS 远程监视多联分体空调的运行状态和故障信息等	监控多联分体空调的运行状态和故障信息等	将多联分体空调的运行状态和故障信息上传至 BAS

七、与电热风幕接口

1. 通信协议

电热风幕向 BAS 直接提供硬接线接口,双方均提供无源干接点。

2. 接口位置

由 BAS 提供的电缆敷设到电热风幕控制箱端子上,并负责电缆引入及接线。BAS 与电热风幕的接口如图 3-14 所示。

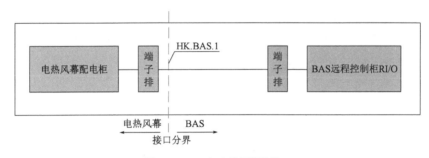

图 3-14　BAS 与电热风幕的接口

3. 接口功能

电热风幕向 BAS 发送电热风幕的状态和故障等信息。BAS 与电热风幕的功能接口表见表 3-6。

BAS 与电热风幕的功能接口表　　　　　表 3-6

编　号	功能要求	BAS	电热风幕
HK.BAS.1	BAS 监视电热风幕状态和故障信息并控制电热风幕开关的动作	(1)对电热风幕的开关状态、手动/自动状态进行监视; (2)根据控制要求对电热风幕控制箱发出数字量控制信号	接收 BAS 的控制信号,并反馈电热风幕回路开关的状态信息、故障信息、手动/自动状态

八、与给排水接口

1. 通信协议

给排水系统向 BAS 直接提供硬接线接口,主要设备有车站雨水泵、排水泵、废水泵和区间排水泵。

2. 接口位置

由 BAS 提供的电缆敷设到水泵控制箱端子上,并负责电缆引入及接线。BAS 与给排水的接口如图 3-15 所示。

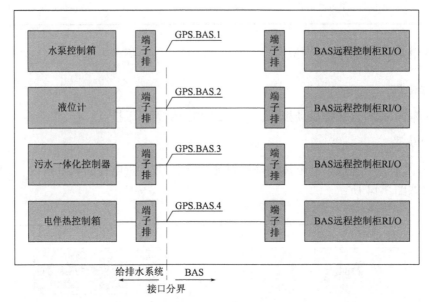

图 3-15 BAS 与给排水的接口

3. 接口功能

给排水系统向 BAS 发送水泵、液位传感器的状态和故障等信息。BAS 与给排水系统的功能接口表见表 3-7。

BAS 与给排水系统的功能接口表　　　　　表 3-7

编　号	功能要求	BAS	给　排　水
GPS.BAS.1	BAS 通过 RI/O 从给排水水泵控制箱中采集水泵的状态和水位报警信息,并实现紧急情况下对区间水泵的远程控制	(1)对于车站水泵,仅监视其运行状态、手/自动状态、故障状态、水泵控制箱的故障状态、水位报警信息; (2)对于区间水泵,不仅要监视其运行状态、手/自动状态、故障状态、水泵控制箱的故障状态、水位报警信息,还要实现紧急情况下对其的远程控制	(1)提供监视水泵运行状态、手/自动状态、故障状态、水泵控制箱的故障状态、水位报警信息的干接点触点; (2)接收 BAS 对区间水泵的远程控制信号,控制区间水泵启停
GPS.BAS.2	BAS 通过 RI/O 从水泵控制箱中采集液位信息	监视浮球液位控制器传来的液位信息	给 BAS 提供超声波、浮球液位控制器的液位信息
GPS.BAS.3	BAS 通过 RI/O 从污水一体化控制器中采集信息	监视污水一体化控制器传来的信息	给 BAS 提供污水一体化控制器的信息
GPS.BAS.4	BAS 通过 RI/O 从给排水电伴热控制箱中采集电伴热的状态信息及故障报警信息	监视电伴热控制箱传来的状态及故障报警信息	给 BAS 提供电伴热控制箱的状态及故障报警信息

九、与照明接口

1. 通信协议

照明向 BAS 直接提供硬接线接口。

2. 接口位置

由 BAS 提供的电缆敷设到电热风幕控制箱端子上,并负责电缆引入及接线。BAS 与照明的接口如图 3-16 所示。

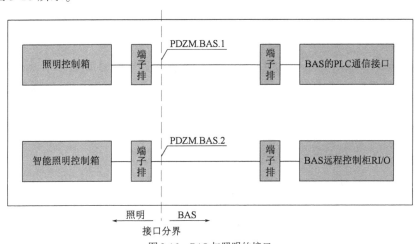

图 3-16　BAS 与照明的接口

3. 接口功能

照明向 BAS 发送照明的状态和故障等信息。BAS 与照明的功能接口表见表 3-8。

BAS 与照明的功能接口表　　　　　　　　　　　　　　表 3-8

编　号	功能要求	BAS	照　明
PDZM.BAS.1	BAS 监视照明状态和故障信息并控制照明开/关动作	(1)对照明开/关状态、手动/自动状态进行监控; (2)根据控制模式要求对照明发出开/关控制信号	接收 BAS 的控制信号,并反馈照明开/关状态信息、故障信息、手动/自动状态信息

十、与 EPS 接口

1. 通信协议

EPS 与 BAS 采用 Modbus RTU 标准协议,使用主-从技术实现信息交换,即 BAS(主设备)能初始化传输(查询),EPS(从设备)根据主设备查询提供的数据做出相应响应。

2. 接口位置

由 BAS 与 EPS 之间的接口位置在 EPS 系统控制柜端子上,BAS 提供的电缆敷设到井道预留口边缘,EPS 专业负责电缆引入及接线。BAS 与 EPS 的接口如图 3-17 所示。

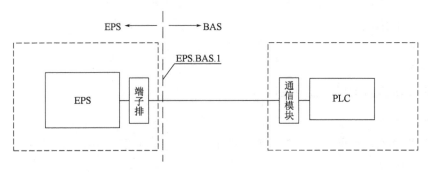

图 3-17　BAS 与 EPS 的接口

3. 接口功能

BAS 按照与 EPS 通信协议中规定的格式向 EPS 发送数据并索要信息帧，EPS 控制器在收到信息帧后，也按通信协议中规定的格式向 BAS 系统发送 EPS 的状态、故障和报警等信息。BAS 与 EPS 的功能接口表见表 3-9。

BAS 与 EPS 的功能接口表　　　　表 3-9

编号	功能要求	BAS	EPS
EPS.BAS.1	在 BAS 与 EPS 之间建立通信通道，实现对 EPS 的实时监控	（1）EPS 状态、报警； （2）对时	（1）上传 EPS 状态、报警； （2）接收 BAS 发来的对时信号

十一、与自动扶梯接口

1. 通信协议

自动扶梯向 BAS 提供 RS485 接口，通信协议采用 Modbus RTU 标准协议，使用主-从技术实现信息交换，即 BAS（主设备）能初始化传输（查询），自动扶梯（从设备）根据主设备查询提供的数据做出相应响应。

2. 接口位置

由 BAS 与自动扶梯之间的接口位置在直梯井道内控制柜端子上，BAS 系统提供的电缆敷设到井道预留口边缘，自动扶梯专业负责电缆引入及接线。BAS 与自动扶梯的接口如图 3-18 所示。

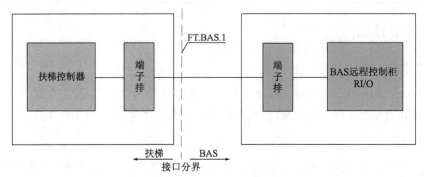

图 3-18　BAS 与自动扶梯的接口

3. 接口功能

BAS 按照与自动扶梯通信协议中规定的格式向自动扶梯发送数据并索要信息帧,自动扶梯控制器在收到信息帧后,也按通信协议中规定的格式向 BAS 系统发送自动扶梯的状态、故障和报警等信息。BAS 与自动扶梯的功能接口表见表 3-10。

BAS 与自动扶梯的功能接口表　　　　　　　　表 3-10

编 号	功 能 要 求	BAS	FT
FT. BAS. 1	在 BAS 与车站自动扶梯之间建立连接,实现 BAS 对自动扶梯的状态监控	在正常工况时,从自动扶梯控制箱中采集自动扶梯设备的状态、故障和报警等信息	在正常工况时,上传自动扶梯的状态、故障和报警等信息

十二、与电梯接口

1. 通信协议

电梯向 BAS 提供 RS485 接口,通信协议采用 Modbus RTU 标准协议,使用主–从技术实现信息交换,即 BAS(主设备)能初始化传输(查询),电梯(从设备)根据主设备查询提供的数据做出相应响应。

2. 接口位置

由 BAS 与电梯之间的接口位置在直梯井道内控制柜端子上,BAS 提供的电缆敷设到井道预留口边缘,电梯专业负责电缆引入及接线。BAS 与电梯的接口如图 3-19 所示。

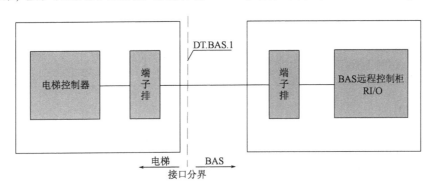

图 3-19　BAS 与电梯的接口

3. 接口功能

BAS 按照与电梯通信协议中规定的格式向电梯发送数据索要信息帧,电梯控制器在收到信息帧后,也按通信协议中规定的格式向 BAS 发送电梯的状态、故障和报警等信息。BAS 与电梯的功能接口表见表 3-11。

BAS 与电梯的功能接口表　　　　　　　　表 3-11

编 号	功 能 要 求	BAS	电 梯
DT. BAS. 1	在 BAS 与车站电梯之间建立连接,实现 BAS 对电梯的状态监控	正常工况下,BAS 对电梯只监视不控制	正常工况下,电梯向 BAS 发送电梯的状态、故障和报警信息

十三、与人防门接口

1. 通信协议

人防门向 BAS 直接提供硬接线接口,并提供无源干接点。

2. 接口位置

由 BAS 提供的电缆敷设到人防门控制箱端子上,并负责电缆引入及接线。BAS 与人防门的接口如图 3-20 所示。

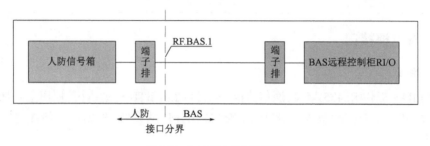

图 3-20 BAS 与人防门的接口

3. 接口功能

人防门向 BAS 发送人防门的开/关到位状态。BAS 与人防门的功能接口表见表 3-12。

BAS 与人防门的功能接口表   表 3-12

编 号	功能要求	BAS	人 防 门
RF.BAS.1	BAS 监控人防开/关到位信号	对人防门的开/关到位状态进行监控	反馈人防门的开/关到位状态信息

课后习题

一、填空题

1. 环控系统与其他系统主要采用两种接口通信方式,即_____方式和_____方式。
2. 环控系统接口处理主要在就地控制级和车站级完成,形式有_____接口、_____接口和_____接口三种。
3. 一般环控系统内部与空调机组、风机和风阀等环控设备间的电气控制接口采用硬线 I/O 接口,有_____、_____、_____、_____四种。
4. SVF、TVF 风机向环控系统提供_____和硬接线两种接口。
5. 智能低压向环控系统提供_____接口,通信协议采用 Modbus RTU 标准协议,使用主-从技术实现信息交换。
6. 风冷冷水机组向环控系统提供_____和硬接线两种接口。

二、简答题

1. 简述 BAS 与 SVF、TVF 风机接口功能。

2. 简述 BAS 与通风空调接口功能。
3. 简述 BAS 与多联分体空调接口功能。

学习任务四　城市轨道交通环境与设备监控系统运行维护

 课前思考

无论是城市轨道交通的环控设备还是环控监控系统,都在长时间的运行以保障城市轨道交通正常的运营。请问:我们日常应该如何进行保养与维护设备及系统呢?

 必备知识

一、城市轨道交通环控系统的运行管理

1. 运行管理任务

安全是城市轨道交通运营工作的生命线,安全管理工作必须严格执行国家的有关安全生产法规、法令,应根据实际情况制定有关规章制度,并严格遵循。

环控设备维护人员必须认真执行基本安全生产制度,即坚持"三不动""三不离""三不放过""三级施工安全措施"。

(1)"三不动":未联系登记好不动,对设备性能、状态不清楚不动,正在使用中的设备不动。

(2)"三不离":维护完不复查试验好不离开,发现故障不排除不离开,发现异状、异味、异声不查明原因不离开。

(3)"三不放过":事故原因分析不清不放过,未制定防范措施不放过,责任人与群众未受到教育不放过。

(4)"三级施工安全措施":在安排维护作业时,应有安全防范措施,并严格遵守有关技术作业安全规定;各特殊工种必须持证上岗,并进行必要的岗前培训,上岗证应按规定进行年审;各层级都应设专职或兼职安全员,负责安全工作及监控,形成安全管理网络。

2. 计划管理

(1)维护计划的制订与实施应以系统或设备的修程、维护周期、技术条件、故障情况等为依据。

(2)根据系统设备的特性和现状,制订相应的维护计划(包括委外维护计划)。

(3)设备年度维护计划应均衡安排,每年的年度维护计划应根据上一个年度维护计划的完成情况做出相应的调整,并在规定时间内编制年度维护计划申报表,申报批准后执行。

(4)设备月度维护计划是年度维护计划的分解,专业工程师按时完成编制工作,经报批后执行。

(5)年度、月度维护计划中应有工时、材料等的消耗定额,并从实际报表上反映出来。

(6)年度、月度维护计划应严格认真执行,未经批准不得擅自更改,因客观原因影响计划执行时,应按审批程序申请修改,改报周计划或日计划。

(7)专业工程师每月应对所辖设备维护计划实施及完成情况进行跟踪,保证计划按质量完成。

3. 技术管理

(1)在上级技术部门指导下进行相应的维护技术管理工作,环控专业技术人员应做好有关技术工作。

(2)环控专业技术人员积极配合技术部门做好对设备技术状态的检查工作,并将设备运行信息反馈;针对维护工作过程中出现的技术难题,积极快速提供技术支援。

4. 运行档案管理

(1)环控设备的竣工资料包括各专业设计图纸、设计变更通知、供货商提供的设备图纸和使用说明书等集中存放资料室,常用的图纸、资料可将复印件存生产部门的资料室以便查阅。

(2)对于设备档案,除冷水机组、空调柜、风机、水泵、冷却塔等各种环控设备的安装说明、操作手册、维护手册外,竣工资料、调试记录、系统及设备的原始数据等都要合理保存。运行后的维护记录、故障记录等按类归档收集后保存,尽可能做成标准的电子文档,以便于保存、查阅及进行数据分析。

(3)对重要设备的主要运行参数(只能反映设备运行状态与效率的相关参数),进行定期收集整理,并做成标准的电子文档,以便于保存、查阅及进行数据分析。

(4)建立设备运行故障记录表、设备维护记录表、设备故障处理记录表、设备维护配合作业记录表,认真地记录设备在运行过程中的故障及处理情况,以便跟踪分析。

(5)专业技术人员应对上述各项记录进行定期和不定期检查、整理及更新,做到每季度检查一次,不定期时间为每两月一次,保证各项记录的完整、清晰。

5. 设备质量管理

(1)在设备维护过程中及完成后,维护人员应按照设备的检修标准与技术要求,对该设备所规定的维护内容进行检查,并且做好检查、维护记录。

(2)设备维护后,其使用功能及测试标准应符合该设备的有关技术规格要求和维护验收标准条款。

(3)技术部门按照"三定、四化"进行质量把关,定期地对各设备维护质量进行检查与鉴定,并做好质量记录。

(4)备品备件的采购、验收应符合设备所要求的规格、型号,储存应满足该零部件的储存条件。

(5)技术部门按系统、设备技术要求定期对系统设备进行全面测试,使设备所有技术性能与机械性能符合原设计或设备标准的要求。

(6)专业工程师做好所辖区域设备的明细台账、设备履历表、设备拆分表、备品备件库存表等,保证账目清晰、实用,接收上级管理、技术部门的定期检查及不定期核查。

(7)专业工程师按时填报根据设备管理的规章制度所明确要求的各类报表、图表、表格。

(8)专业工程师应每周对设备典型故障进行统计分析,并建立相应的设备故障统计报表。

二、环控系统运行管理组织架构及有关人员职责

1. 环控系统运行管理组织架构

(1)环控系统设备运行管理方面设有日常巡检工班、专业维护工班、专业技术组。

(2)环控专业工程师代表该专业负责制订各种作业计划、材料计划,必要时为维护工作提供技术支持。任职要求是具有工程师或助理工程师资格证书。

(3)专业维护工班执行各种计划作业、故障抢修、临时维护任务,并及时地反馈各种作业情况。每工班由6~12人组成,由电工、钳工、制冷工、管道工等工种组成,要求从业人员应持证上岗。

2. 主要职责描述

(1)环控专业工程师的主要职责:编制环控专业的年度与月度生产计划和材料消耗计划;检查和考核工班的维护作业完成情况、安全作业情况和材料消耗情况;负责环控系统的设备管理工作;负责编制和实施专业内的培训工作;负责环控专业各类生产和技术文本的编制以及企业标准相关部分的工作;负责检查车站环境控制参数实现情况;负责检查车站环控模式执行情况;负责所辖工班的各项作业和故障处理的技术支援与指导工作。

(2)日常巡检工班的主要职责:负责车站环控设备的操作和运行记录工作,反馈设备运行状态;负责车站环控设备的日常巡视、定期保养、简单故障处理(属一、二级修程)的工作。

(3)专业维护工班的主要职责:负责根据专业生产技术组编制下达的日常计划性维护(属三、四、五级修程)、故障维护以及抢修等工作。

三、城市轨道交通环控系统巡视

1. 巡视的一般要求

(1)为确保人员安全,每组巡视人员应不少于2人。在区间隧道巡视时,应按有关规定办理作业令。所有作业,均应遵守维护生产作业程序,办理请点、销点手续。

(2)巡视中需改变有关设备工作状态时,巡视人员应报知环控调度员及相关生产调度。

(3)日常巡视作业要严格遵照规定的程序。

(4)巡视人员应认真填写好相应巡视记录,包括冷水机组运行参数记录表、组合空调机巡检记录表、冷却塔巡检记录表等典型的记录表。

2. 巡视内容

巡视内容根据城市轨道交通车站环控系统设备的布置情况分区设置实施,具体可分为环控电控室、空调机房和风机房、水系统设备、车站公共区及设备用房等。

四、环控系统设备维护管理

1. 环控系统设备维护管理的任务和原则

环控系统设备的维护工作,应遵循"预防为主,防治结合,修养并重"的原则,为保证行车安全,提升运营服务水平,为乘客提供"安全、准点、舒适、快捷"的乘车环境,必须坚持为一线服务的宗旨。作业内容较巡视深入,是一种主动的预防性维护,要根据环控系统设备的构成、运行和使用特点等因素,周期性地纠正设备运行后可能积累的误差、磨损或零部件使用寿命到期后的更换,对相应设备进行小修、中修、大修,有效地预防故障的发生,有计划地减少设备损耗,以取得较好的技术效益和经济效益,保证环控系统设备以良好状态投入运行。

2. 环控系统设备维护管理的分类及有关要求

由于环控系统设备的使用场合不同,需要维护的设备较多,也较为分散,而且受正常载客运营时间的限制,必须服从调度的统一安排,遵章办理一切必要的作业手续,确保运营安全,包括行车安全、乘客安全和工作人员安全,需要在轨行区(所)进行的维护作业对正常载客运营有影响时,必须在收车后进行。维护计划由专业技术人员根据环控系统的构成、运行和使用特点等因素制定,由专业维护工班的维护人员执行。执行过程包含作业前手续办理、维护作业、作业内容的记录、作业过程发现的异常问题反馈等内容。

维护作业指保养、维护及故障抢修三种生产作业。其分类具体如下。

1)维护作业分类

(1)计划性维护

计划性维护包括预防维护和改善维护两种。

①预防维护是指为了防止设备性能及精度劣化或降低,根据设备运转的周期和季节性等特点,按预先制定的设备维护周期与工作内容、技术要求和计划所进行的维护作业。

②改善维护是指为了消除设备的先天性缺陷或频发故障,对系统及其设备的局部结构或零件的设计加以改进、改装,以提高其可靠性和免维护性的维护作业。

(2)非计划性维护

①抢修是指当某一环控系统设备发生故障,严重危及列车正常运行或构成严重安全隐患时,对该设备进行突击性、快速修复其基本功能。

②补修是指与上述情形类似,但对正常运营安全不构成直接或间接影响,可以在事后进行的修理。

(3)委外维护

委外维护是指维护作业经安全、技术、经济效益等方面比选后,可以将部分维护作业委托给外单位来承担的作业任务。

2)维护作业保养等级分类

(1)一级

一级保养(日常保养):每天设备投入使用前或使用后,对其状态进行认真检查,若发现不正常现象应及时排除和报告;保持设备清洁,使工作环境符合要求;进行简单的调整或更换易损件(如熔断器、指示灯等);按要求添加润滑油等;由巡检、操作人员按照使用说明和保养规程进行;人员应接受必要的技术培训,持证上岗。其目的是使设备处于良好的工作状态。

(2) 二级

二级保养:对设备的主要功能及主要部位做定期检查、局部解体、清理或更换标准零配件、加注或更换润滑油等;由维护人员按照维护说明书和保养规程在现场进行,巡检、操作人员做必要的配合。二级保养的目的是使设备处于良好的工作状态。

(3) 三级

三级保养(小修):对曾发生过的故障进行结构性分析诊断,更换或修复少量的零部件或组件,全面调整或调校等;由维护人员在现场或专门维护场所按照维护手册和维护规程进行;需要专用工器具和设备。三级保养(小修)的目的是使设备保持正常的工作状态至下次计划性修理。

(4) 四级

四级保养(中修):更换和修复设备的主要零部件和磨损件,对结构和系统进行全面检查和调整;由专业技术管理人员带领维护队伍,在现场或专门维护场所进行;需要专用测试仪器、工器具和设备以及全面详细的技术资料。四级保养(中修)的目的是使设备恢复和达到规定的功能状态和技术特性直至下次中修或大修。

(5) 五级

五级保养(大修):将设备全部解体,更换和修复磨损零件,全面检测、调整设备。除有能力自行承担的项目外,一般请制造厂商或专业大修单位承担。五级保养(大修)的目的是使设备全面恢复原有的功能状态和技术特性。

五、环控系统故障处理原则与抢修组织

1. 故障处理原则

(1) 对发生故障的设备进行及时的判断和分析,及时排除故障,先行运行。
(2) 对重要故障的设备进行测试、诊断,进而修复或暂时修复。
(3) 详细记录故障现象及修复过程,以备在其他修程开展时做出进一步的处理与修复。
(4) 保证故障设备能恢复使用功能,如无法达到,至少确保设备恢复运营所必须具备的功能。
(5) 及时向有关人员通报对故障的测试、诊断及处理过程。

2. 故障抢修组织

1) 故障报告

(1) 任何人都有报告故障的权利。
(2) 环控系统设备巡视操作人员及工班维护人员有报告故障、事故的权利,并有在各自的职责范围内处理故障,避免或控制事故,有降低事故破坏程度的责任和义务。
(3) 维护调度部门唯一的故障报告中心,部门业务范围内的任何故障、事故报告,必须第一时间直接向维修调度员报告。

2) 抢修

(1) 事故抢修坚持"先通后复"的原则,即在保证列车运营安全的前提条件下,省略部分复

杂的修理过程,尽快(暂时)恢复运营,在运营结束后,再对未完全修复的功能或部分进行补修处理。

(2)各生产部门轮值工程师是维护部门属下唯一故障处理指挥中心,维修调度员的任何抢修指令,均须由轮值工程师第一时间派人处理。

(3)维修调度员保留越过轮值工程师直接调派抢修队伍的权力。

(4)任何单位或个人接到轮值工程师或维修调度员的抢修命令后,必须立即奔赴现场组织抢修,不得以任何借口逃避或拖延。

(5)抢修过程不可免除必要的清、销点手续,以及各类安全防护措施。

(6)故障抢修过程中不需办理"进场作业令",由维修调度员口头通知 OCC 或车场调度中心备案。

3)补修

(1)在抢修过程中不能及时修复的,由部门轮值工程师提出,经维修调度员确认后,允许在规定的时间内进行补修。

(2)补修作业视维修调度员的协调安排,能够纳入下月维护作业计划的,必须纳入;不能纳入的,由生产技术室按临时作业的规定进行操作。

(3)计划性补修作业程序同计划性维护作业程序,不得简化任何步骤。

课后习题

一、填空题

1. 环控设备维护人员必须认真执行基本安全生产制度,即坚持"三不动""三不离""三不放过""三级施工安全措施"等。其中,三不动指_____不动、_____不动和_____不动。

2. 环控系统设备维护计划的制订与实施应以系统或设备的修程、_____、_____、故障情况等为依据。

3. 环控系统设备运行管理方面设有日常巡检工班、_____、_____。

4. 为确保人员安全,每组巡视人员应不少于2人。在区间隧道巡视时,应按有关规定办理作业令。所有作业,均应遵守维护生产作业程序,办理_____、_____手续。

5. 环控系统设备维护作业指_____、_____及故障抢修三种生产作业。

二、简答题

1. 简述环控设备运行档案管理内容。
2. 简述环控系统运行管理组织架构。
3. 简述环控系统设备计划性维护主要内容。
4. 简述环控系统设备一级维护作业主要内容。

三、论述题

1. 论述城市轨道交通环控系统设备维护管理的任务和原则。
2. 论述城市轨道交通环控系统设备维护包含内容。
3. 论述城市轨道交通环控系统故障处理原则与抢修组织包含内容。

参 考 文 献

[1] 徐胜南,李桃.城市轨道交通环控系统维护与检修[M].北京:人民交通出版社股份有限公司,2021.
[2] 曲秋蒔,许波.城市轨道交通车站设备[M].3版.北京:人民交通出版社股份有限公司,2022.
[3] 颜月霞.城市轨道交通综合监控系统[M].2版.北京:人民交通出版社股份有限公司,2021.
[4] 中华人民共和国国家质量监督检验检疫总局,中国国家标准化管理委员会.GB/T 5907.1—2014 消防词汇 第1部分:通用术语[S].北京:中国标准出版社,2014.
[5] 中华人民共和国国家质量监督检验检疫总局,中国国家标准化管理委员会.GB/T 4968—2009 火灾分类[S].北京:中国标准出版社,2009.